미래에 부자가 될

_____ 님께

드립니다.

부자가 되고 싶은 당신이
꼭 만나야 될 한 사람!

지중해 부자

박종기 지음

알에이치코리아

지금처럼 여러 곳에 너의 에너지를 분산시킨다면

어느 하나라도 성공하지 못할 거야.

여기저기서 힘 빼지 말고 한 곳에만 집중해.

생산적인 곳에.

차
례

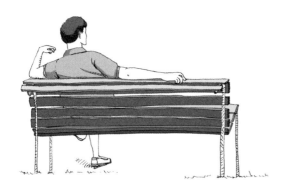

사업체는 홍콩에,
집은 지중해에 둔 한국인 신사

내가 돈에 대한 욕심으로 가득 차서 세상을 바라보던 시절, 한 중년 신사를 알게 되었다. 상대를 당혹스럽게 하는 까다로운 말투와 행동 때문에 첫인상은 좋지 않았지만, 돈이 무척이나 많다는 사실을 알고부터는 그를 만나기 위해 온갖 노력을 해야 했다. 그에게 10년 동안 계속 연락을 했고 한국에 올 때면 가끔, 어쩔 땐 아주 가끔 만날 수 있었다.

최근 부산에서 만났을 때 아주 특별한 일이 있었다. 그는 평소와 다르게 많이 흥분해 있었다. 주위를 둘러싼 직원들의 표정 역시 긴장한 채 굳어 있었다. 분명 어떤 일이 일어났음이 틀림없었다. 그는 나에게 조용히 차 한잔 하자며 호텔 로비에 있는 카페로 들어갔다. 그가 거느리는 홍콩의 투자회사는 우리나라, 일본, 싱가포르에 투자하는 제법 규모가 있는 회사다. 흥미롭게도 투자금 모두 본인의 돈이며 그 돈을 관리하는 직원만 해도 열 명이 넘는다.

이 이야기는 전부터 대강 알고 있었지만 그는 오늘따라 좀 더 자세히 설명을 해주었다. 그는 여전히 흥분한 듯 보였고 무척 힘들다는 표정을 지었다. 잠시 후 결심을 한 듯 내게 말했다.

"한국 법인은 네가 맡아라."

국내 주식 투자를 담당하는 한국 법인은 그동안 두 명의 책임자가 교체되었다. 더 자세히 말하면, 한 명은 잘렸고 또 한 명은 도망을 갔다. 얼마 전 두 번째 책임자가 사고를 치고 도망갔기에 그가 급히 부산으로 온 것이다. 주식 투자의 하수 격인 나에게 회사를 맡긴다는 것 자체가 말이 안 되는 일이었고 홧김에 하는 소리라고 생각했다. 잠시 숨을 고르더니 이야기를 이어 갔다.

"돈은 어느 정도 규모가 커지면 두 가지 속내를 드러내기 마련인데, 사람들이 그걸 이겨 내질 못해."

여기서 두 가지 속내란 하나는 사심(邪心)이고 또 하나는 욕심(慾心)을 말한다. 같은 말 같지만 사심은 남의 돈을 내 돈으로 만들고 싶은 욕구이고, 욕심은 대가 없이 내 돈을 불리려는 것이다. 앞선 책임자는 사심을 부렸고, 다음 사람은 욕심을 부렸다.

"네가 한번 해봐라."

갑작스런 제안에 당황스러웠고 걱정이 앞섰다. 그런 나에게 그가 말했다.

"주식은 실력이 전부가 아니다. 벌 때도 있고 잃을 때도 있다. 정확하게만 해라."

그렇게 해서 부담스런 회사를 맡게 되었다. 투자 운용은 각각 전문가들이 알아서 처리했고, 나는 매달 또는 분기별로 손익 보고를 해야 했다.

"돈은 숫자로 말한다. 숫자가 정확하지 않으면 의미가 변질된 것이다. 어떠한 경우라도 정확히 해라."

그가 만날 때마다 나에게 했던 말이다. 돈에 사심과 욕심이 개입되면 그때부터 숫자는 달라진다. 달라진 그 숫자 때문에 실력 있는 책임자 두 명이 교체된 것이다.

'이분이 왜 나를 선택했을까?'

하루에도 수십 번 고민했다. 그저 순진해 보여서? 아니면 정말로 사심이 없고 욕심도 없어 보여서? 아니다. 나도 사람이고, 당연히 돈을 보면 좋지 않은 마음은 생긴다. 그도 그걸 알고 있다. 나중에 "왜 저를 선택하셨습니까?"라고 물을 기회가 몇 번 있었는데, 그때마다 시간이 지나면 알게 될 거라는 대답만 들을 수 있었다.

· · ·

　서울 가양동 판자촌에서 가족을 부양할 능력도 없이 살던 사내
가 지금은 수천억대의 자산을 가진 큰 부자가 되어 세상을 누리며
산다. 그가 어떻게 부자가 되었고 내가 그에게 무엇을 배웠는지 그
이야기를 지금부터 하려 한다. 참고로 그는 한국인이며 사업체는
홍콩에, 집은 지중해에 있다. 그래서 나는 그를 '지중해 부자'라고
부른다.

　얼마 전 그의 이야기를 책으로 쓰고 싶다고 전하자 단칼에 거절
을 당했다. 몇 차례 이메일을 보내고 전화로도 설득했다. 이 말을
항상 마지막에 덧붙였다.

　"내가 당신에게 배운 것처럼 다른 사람들도 뭔가를 깨닫는다면
세상은 더 밝아지지 않겠습니까?"

　이분은 젊을 적 어두운 막사에서 오래 살아서인지 '밝은 세상'
이란 표현을 무척이나 좋아했다.

　드러내기 싫어하는 부자들의 공통된 습성으로 좀처럼 승낙하지
않았으나 지난달 만났을 때 몇 가지 조건을 제시하며 허락을 해주
었다. 아마도 밝은 커피숍에서 밝은 옷을 입고 매달렸기에 가능했
던 것 같다. 여기서 몇 가지 조건이란 자신을 밝히지 말 것, 좋은

것만 이야기할 것 그리고 내가 알고 있는 과거사 몇 가지는 뺄 것. 빼야 하는 과거사는 자식들이 알면 창피한 것과 자신이 생각해도 부끄러운 몇 가지이고, 나머지는 지극히 사적인 것들이라 별로 전하고 싶지 않은 내용이다.

사람마다 부자에 대한 기준이 다르고 돈에 대한 철학도 다르겠지만, 이 책이 전하는 지중해 부자의 이야기는 돈에 얽매인 인생을 보다 풍요롭게 가꾸는 데 손색이 없을 거라는 생각이 든다. 그래서 꼭 책으로 쓰고 싶었다. 독자들이 내가 받은 것 이상의 도움을 얻기를 바란다. 마지막으로 멀리 지중해 해안에서 이 책을 읽고 있을 그분께 진심으로 감사드린다.

STORY 1

마음만 앞선 채
분주한 사람에게 고함

"몸을 보면 부자가 될 사람인지 아닌지 한눈에 알 수 있어.
사람은 뭘 하든 자신의 체력 한계를 넘어설 수 없는 거야.
딱 자기 체력만큼 돈을 벌게 돼 있거든."

서른을 갓 넘긴 어느 여름날이었다.

나는 그때 적지 않은 종자돈을 모은 덕분에 재테크에 대한 관심이 최고조에 이른 상태였다. 시간이 날 때마다 증권사에 들렀고, 주말에는 아내와 함께 땅을 보러 다녔다. 사무실 근처에 위치한 M 증권사의 H지점장을 자주 만났다. 당시 대한민국은 펀드 열풍으로 들썩였는데 나도 이 열풍에 동참하기 위해 증권사를 찾게 되었고, 거기서 H지점장을 알게 된 것이다.

처음 증권사에 들러 창구 직원에게 펀드에 가입하고 싶다고 하자 증권 계좌와 펀드 계좌를 만들어 주었다. 창구 직원은 매달 얼마씩 입금할 거냐고 물었다. 나는 1억이 넘는 통장을 보여 주며 그 돈을 모두 투자하겠다고 했다. 창구 직원은 조금은 당황하는 표정으로 곧장 지점장실로 안내했다. 대부분 20만 원에서 30만 원 정도의 금액으로 가입하던 시기라 당황할 만했다.

그렇게 인연이 된 H지점장과는 여러모로 궁합이 잘 맞았다. 그는 배우고 싶었던 주식에 대해 내게 자세히 알려 주었고, 나는 보답으로 골프공을 매번 선물했다. 지금은 흔하지만 당시에는 생소했던 사모펀드에 대해서도 배우며 적극적으로 투자하기 시작했다. H지점장이 알려 준 주식이나 사모펀드가 올라 성과가 나면 어김없이 고급 일식집에서 저녁 식사를 했다. 1억 원을 투자해서 한 달 만에 10퍼센트의 수익이 났다면 당시 월급의 3배 정도 되는 큰 금액을 번 셈이니 크게 한 턱 쏘는 것은 당연했다.

이른 나이에 돈 맛이란 걸 알게 됐고 세상에 무서울 것이 없었다. 매일 붕 뜬 기분으로 살았다. 물론 수익금의 3분의 1 정도는 H지점장의 몫으로 건네주는 것도 잊지 않았다(개인적으로 건네는 수고비는 금융계에서 흔히 있는 일이다).

그렇게 투자의 재미에 푹 빠져 있던 어느 날, 한번은 고급 일식집이 아닌 적당한 가격의 소고기집에서 술잔을 기울였다. 최근의 주식 시장이 형편없어 투자하는 족족 손해를 보던 시기였기에 식사 비용도 줄여야 했다. 바로 이날, 운명적인 만남이 시작되었다.

한 건강한 중년 신사가 찾아온 것이다. H지점장은 식사하는 내내 전화를 받더니만 결국 그를 이곳으로 오게 했다. 얼핏 봐서는 나이가 들어 보였는데 밝은 조명 아래에서 가까이 보니 깨끗한 피부와 목소리 그리고 건강한 혈색으로 50대를 갓 넘긴 듯 보였다. 물론 나이는 더 들었겠지만.

H지점장은 일어나 정중히 인사를 했다. 잠깐 나눈 이야기를 통해 알게 된 바로는 중년 신사와 H지점장은 서로 알고 지낸 지가 꽤 되었고, 중년 신사가 올해 두 번째로 한국에 왔다는 사실로 보아 외국에 거주하는 것 같았다. 뒤늦게 인사하자 무슨 이야기를 그렇게 재미있게 하느냐고 물었다. 나는 얼마 전 투자한 주식에 대해서 설명했다. 그동안 주식 투자로 얼마를 벌었냐고 다시 묻기에 몇 년은 놀아도 될 만큼은 벌었다고 대답했다. 그래서 즐겁게 저녁 식사를 하고 있다고 했다.

사실 즐겁지는 않았지만 그런 척했다. 대뜸 몇 살이나 먹었느냐는 기분 나쁜 질문을 들은 이후로 나는 더 이상 그에게 대꾸하지 않았다. 그는 H지점장에게 국내 경제 상황과 몇 가지 주식에 대해서 묻고는 자리를 떠났다. 그것이 지중해 부자와의 운명적인 첫 만남이었다.

그가 자리를 뜨자 H지점장의 입이 바빠졌다. 저 사람 대단한 사람이다, 자산이 전부 얼마인지도 모른다, 한때는 밥 빌어먹을 능력도 없었다, 그런 사람이 지금은 지중해에 있는 궁전 같은 집에서 산다, 한국에는 아주 가끔 주가가 폭락할 때 들어온다, 지금도 주가가 반 토막이 나서 들어온 거다, 아마 이번에도 제대로 한몫 챙기고 갈 것이다……

H지점장과 나는 한동안 말없이 술만 마셨다. 주식이 폭락했는데 뭘로 한몫 챙긴다는 건지, 또 자산이 어마어마하고 지중해의 궁전 같은 집에서 산다면 얼마나 부자라는 소린지 싶었다. 술맛이 떨어져서인지 우리는 그날 무척이나 일찍 헤어졌다.

지중해 부자를 다시 만나는 데에는 한 달이 채 걸리지 않았다. 점심 시간, 어김없이 증권사에 들렀는데 심각하게 상담하는 H지점장 앞에 그 지중해 부자가 앉아 있었다. 반갑게 아는 척을 했고, 다행히 셋이서 점심 식사를 같이 하게 되었다. 맛있는 걸 사 드리겠다고 하자 황태찜을 먹고 싶다고 해서 근처의 비좁고 시끄러운 식당으로 들어갔다.

기사 식당이라 그런지 빈자리가 있으면 자연스럽게 합석해서 먹는 그런 식당이었다. 그분에게 정중하게 명함을 건네며 올해 서른 살이라고 말했다. 1인용 쟁반에 반찬과 국이 각각 따로 차려져 왔다. 시뻘건 황태찜도 한 마리씩 먹음직스럽게 접시에 담겨 왔다.

밥을 먹으면서 묻고 싶었던 말이 입안을 맴돌았지만 한참 지나서야 물을 수 있었다.

"선생님은 어떻게 해서 그렇게 큰 부자가 되셨나요?"

그건 당시 나에게는 애절하고 중대한 사안이었다. 어려서부터 넉넉지 못한, 아니 겨우 먹고살아야 하는 삶 때문에 포기한 것이 많아서인지 돈 없는 삶은 상상할 수 없었다. 그래서 항상 돈 많은 부자가 되고 싶었다. 고등학교 졸업장을 받기 전부터 일을 하기 시작해서 버는 족족 돈을 모았다.

그렇게 허리띠를 졸라매며 아등바등 종자돈을 모으는 데에는 성공했지만 거기까지였다. 아무리 더 벌려고 해도 한계가 있었고, 부자처럼 여유롭기는커녕 오히려 돈에 더 쫓기는 삶이 계속되었다. 주식과 펀드를 통해 간간이 수익은 얻었지만 그것도 한계가 있었다. 천만 원을 벌면 어느새 그 정도 금액을 잃고 있었다. 그래서 씩씩거리며 황태찜을 뜯고 있는 이분에게 어떻게 부자가 되었는지에 대한 대답을 꼭 들어야 했다. 내가 질문을 한 지 한참 된 것 같은데 그는 말이 없었다.

"맛있네. 옛날 맛 그대로야."

땀을 뻘뻘 흘리며 손가락에 묻은 양념까지 빨아 먹고 있었다. 나는 안중에도 없어 보였다. 대답 듣기를 포기하고 밥이나 먹었다.

마음만 앞선 채 분주한 사람에게 고함

어떻게 이런 맛이 나는지 비리비리하면서도 매콤한 게 맛있었다. 국물까지 다 마셔 버렸다. 그렇게 식사를 마치고 계산을 했다.

• • •

그 후로 그를 만나기까지 1년하고도 6개월. 이번에는 인천공항 라운지에서였다. 가족을 데리고 얼마 전 한국에 놀러 와 동생이 살고 있는 통영에서 보름간 머물다가 지중해로 돌아가는 날이었다. 라운지 창가에 앉아 있는 그는 하얀색 반바지에 가로줄무늬 폴로 셔츠 그리고 부드러워 보이는 가죽에 빨간색 천을 댄 스니커즈를 신고 있었다. 그래서인지 작은 키가 더 작아 보였다. 그와 그의 아내에게 허리를 굽혀 인사했다. 자녀들은 근처에서 골프를 치고 곧 올 거라고 했다.

1년 6개월 전, 황태찜을 먹은 이후 고민이 많았다. 그와 가까워져야 했고, 한국에 올 때마다 만나고 싶었다. 멀리 있는 그에게 내가 할 수 있는 일을 찾았지만 마땅히 할 게 없었다. 큰 맘 먹고 고급스런 선물을 보낼 수도 없었고 찾아갈 수도 없었다. 왜냐하면 주소를 몰랐으니까. 알 길도 없었다. 그렇게 고민하던 중 H지점장이 가끔 그에게 이메일을 보내는 것을 보고 눈이 번쩍 뜨였다. 그래서 나도 이메일을 써 보기로 했다.

매일 아침 같은 시간에 이메일을 보냈다. 존경심과 애절함을 가득 담아 편지를 썼다. 마지막에는 한국에 오면 꼭 만나고 싶다고 했다. 그렇게 1년하고 3개월쯤 지났을 때 비로소 답장이 왔다. 단두 줄이었는데 "읽기 귀찮으니 이제 그만 보내라"가 내용의 전부였다. 그런데 그로부터 다시 3개월 후 그에게서 전화가 왔고, 오늘 이렇게 만나게 된 것이다.

비행기는 두 시간 후 출발할 예정이라 여유가 충분했다. 그의 아내는 걷고 싶다며 라운지를 나갔다. 덕분에 나는 그와 단둘이 있게 되었다.

"요즘 부자들은 전용기를 갖는 게 유행이라고 들었는데, 선생님 전용기는 수리 중인가 봅니다."

썰렁한 농담으로 대화를 시도했다. 그는 대답 대신 부라리는 흰 눈동자를 보여 주었다. 나는 그동안 살아온 이야기를 했다. 대기업에 입사해 3년을 못 채우고 그만둔 사연과 지금 일하는 작은 회사에 대해서도 자세히 말했다. 성공하고 싶어서 책을 열심히 읽고 유익한 강좌도 수시로 들으며 틈틈이 일본어 공부도 한다고 했다. 재테크에 관심이 많아서 주식 투자와 땅을 보러 다니는 게 취미라고 했다. 얼마 전 등록한 부동산 경매 강의도 이야기했다. 꽤나 유명한 대학에서 개최한 거라 적잖은 비용을 냈다. 마지막으로 정말 열심히 노력하며 사는 것 같은데 변하는 게 없어 힘이 빠진다고 했다. 최근 들어 더욱 그러하다고 했다. 지금 최대의 관심사는 '어떻게 하면 돈을 더 벌 수 있을까'라는 문제라고 했다.

그는 삐딱하게 앉은 채 내 이야기를 들었다. 오른손 검지손가락을 제외하고는 어떤 움직임도 없었다. 왼쪽 창가에 비치는 햇살 때문에 움푹 들어간 눈매에 그림자가 짙게 쌀렸다. 안 그래도 삭은 코가 보였다 안 보였다 했다. 곱슬머리에 마른 체형, 평균보다 한참 작은 키, 그럼에도 외국에서 살아서 그런지 조금은 세련된 멋을 풍겼다. 내가 말을 마치고 빤히 바라보자 까딱거리던 손가락을 멈추고 테이블 위에 놓인 가방을 열어 가죽 파우치를 꺼냈다. 둘둘 말린 얇은 가죽 끈을 풀더니 안경을 꺼냈다. 렌즈의 두께로 보아 도수가 꽤 높아 보였다.

"나이가 드니까 눈이 제일 안 좋아. 예전에는 눈 좋다는 말 참 많이 들었는데."

안경을 썼다 벗었다를 반복하며 멀리 창밖을 바라보았다. 헝겊을 꺼내 안경을 닦으면서 이야기했다.

"똑같이 노력하며 살고 있는데 누구는 성공해서 나처럼 잘살고 있고, 또 누구는 너처럼 겨우 살고 있어서 배가 아프다, 이 말이네?"

이분의 특징을 딱 두 가지로 꼽자면 말을 막 내뱉는 것과 갑작스럽게 이상한 행동을 하는 것이다. 지금도 여전히 그러하고, 그래서 주변에 사람이 없다. 말투를 들어보면 사투리도 아니고 어눌하게 한국어를 구사하는 외국인 말투도 아닌, 그 중간쯤 되려나? 말끝은 항상 억양을 높이면서 추임새를 넣기 때문에 어쩔 땐 욕을 하는 것처럼 들릴 때도 있다. 길게 말하는 걸 싫어하고 짧고 직설적으로 말한다. 하지만 내게는 주절주절 말을 많이 할 때가 많다.

나는 오늘 만남에서 이 사람의 마음을 반드시 잡아야 했다. 이대로 어설프게 헤어진다면 이분과의 인연은 여기까지일 테니까. 강한 인상을 심어 주기 위해 할 수 있는 모든 말을 했다. 내 또래보다 돈도 많이 모았고 곧 집도 살 거라 했다. 잠을 적게 자고 일찍 일어나기 때문에 성실하고 부지런하다는 이야기를 자주 듣는다고 했다. 얼마 전 회사에서 실시한 독서통신교육에서 우수상을 받았다는 말도 전했다. 하지만 이야기를 할수록 나라는 사람은 다른 사람들과 별 차이가 없다는 사실만 분명해졌다. 한참 후에 그가 내게 물었다.

"너 그때 밥 먹으면서 나한테 물었지? 어떻게 해서 부자가 됐느냐고."

그걸 기억하고 있었다니……. 내 표정이 밝아졌다. 이제야 마음

마음만 앞선 채 분주한 사람에게 고함

을 여는 것 같았다. 어떤 말을 해줄지 기대가 되었다.

"네가 한번 대답해 봐. 어떻게 하면 부자가 될 것 같은지."

나는 당황했고 딱히 할 말을 못 찾아서 더 당황해야 했다. 식은 땀이란 게 이렇게 찰나에 흐르는 건지 그때 처음 알았다. 그가 노려보듯 보고 있어서 어쩔 수 없이 대답했다.

"그냥…… 죽을힘을 다해 노력하면 되지 않을까요? 성공할 때까지 멈추지 말고."

내 목소리는 기어가는 개미만큼이나 작았다. 조심스럽게 고개를 들어 그의 표정을 살폈다.

"놀고 있네."

들리지는 않았지만 입 모양을 봐서는 분명 그렇게 말하는 것 같았다. 웃음을 지으면서 보인 누런 이가 나를 비웃었다.

"그렇게 해서 부자가 될 것 같으면 새벽부터 밤늦게까지 죽을 둥 살 둥 무거운 짐 나르면서 사는 사람들은 죄다 부자가 됐겠네? 안 그래?"

아무 대답도 하지 못했다. 또 비웃을 것 같았다. 어색한 침묵이 흐를 때 다행히 라운지 직원이 다가와 음료를 주문받았다. 그는 어울리지 않게 핫초코를 진하게 달라고 했고, 나는 원두커피를 달라고 했다. 지금은 아메리카노라 불리지만 당시의 커피는 다방커피 아니면 원두커피가 전부였다. 그가 말했다.

"어느 분야든 성공을 해야 부자가 될 텐데, 그러기 위해서 제일 중요한 게 뭘까?"

실력, 인맥, 성실, 노력, 자신감, 긍정적인 마음, 용기 등 많은 것들이 떠올랐지만 어떤 말도 하지 못하고 우물거렸다.

"제일 중요한 건 말이야."

고개를 들어 그의 얼굴을 바라보았다.

"바로 체력이야."

의외의 대답이었다.

"부자가 될 때까지 시간도 많이 걸리고 신경 써야 할 것도 엄청 많거든. 그걸 감내할 체력이 있어야 비로소 부자의 삶을 살 수 있겠지."

'그럼 운동선수들은 죄다 부자가 됐겠네?'

그런 생각이 들었다.

"다들 부자가 되려고 너처럼 공부하고 다양한 실력을 쌓으면서 열심히 노력하지. 하지만 그런 건 하루아침에 뚝딱 이뤄지는 게 아니야. 오랜 시간이 지나야 비로소 완성될 텐데 그때까지 버틸 체력이 있어야 완성할 수 있겠지."

체력만큼은 자신 있었다. 밤늦게까지 일하는 건 물론 새벽까지 술을 마셔도 다음날 새벽 출근은 어김없이 지켰으니까. 주말에 아이들과 놀러 다니는 것도 소홀히 하지 않았다. 다 체력이 되니까 가능한 일이라 생각했다.

"너는 한눈에 봐도 체력이 없어 보여. 비만인 데다가 배까지 나오고. 그렇게 게으른 사람이 노력한다는 말을 함부로 꺼내면 안 되지."

나도 모르게 배에 힘을 주었다. 최근 들어 체중이 늘어난 건 사실이다. 늦게 퇴근해서 집에 도착하면 대부분 9시가 넘었고, 폭식에 가까운 식사를 했다. 그날의 스트레스를 말끔히 잊겠다는 핑계로 매일 맥주를 마시고 피곤함에 못 이겨 바로 잠들곤 했다. 그렇게 몇 년이 지나니 금세 10킬로그램 이상이 불어났다. 하지만 살찐 것과 배 나온 것은 그렇다 쳐도 체력이 없어 보인다는 말은 인정할 수 없었다.

"열심히 노력하는데 나아지는 게 없는 것은 내가 보기엔 당연해. 체력이 그것밖에 안 되니 그 정도만 노력할 테고, 그러니 지금처럼 사는 게 당연한 게지."

내 표정이 굳어졌다.

"사람은 뭘 하든 자신의 체력 한계를 넘어설 수 없는 거야. 딱 자기 체력만큼 돈을 벌게 돼 있거든."

잠시 생각하는 사이 라운지 직원이 음료 두 잔을 가져왔다. 커다란 머그잔에서 김이 모락모락 나는 핫초코를 보고 있으니 작은 커피 잔에 담긴 진한 보리차 같은 원두커피가 초라해 보였다. 그는 머그잔을 들어 후루룩 소리를 내며 마시더니 "맛있다"는 말을 두 번이나 반복했다. 그가 말했다.

"너는 지금보다 얼마나 더 벌고 싶은데?"

"3배 정도요."

얼떨결에 대답했다.

"그럼 체력부터 3배로 키워라."

그는 조금은 진지한 표정을 지으며 말을 계속했다.

"세상에는 이치라는 것이 있지. 남들보다 2배 더 벌려면 2배의 노력을 해야 하고, 10배 더 벌려면 10배의 노력을 해야 하는 거야. 근데 몸이 피곤하면 노력은 고사하고 만사가 귀찮아지거든. 일이 있어도 미루거나 대충 해버리고 말이야. 그런 게 반복되면 어떤 일도 할 수 없게 되고 스스로 도태되고 말지."

나도 가끔씩 그런 행동을 했다. 몸이 피곤하면 만사가 귀찮아 아무것도 하기 싫을 때가 자주 있었다.

"성공하는 사람은 열정적이지. 그런 열정은 어디에서 나올까?"

당연히 '체력'이라고 대답할 수밖에 없었다.

"그래, 체력이야. 사람의 몸을 보면 부자가 될 사람인지 아닌지 한눈에 알 수 있어. 너처럼 관리가 안 된 몸으로 부자는 어림도 없는 거야."

그는 이렇게 체력에 대한 이야기를 마무리했다.

"체력을 키우는 건 절제에서부터 시작되는 거야. 재미만 좇지 말고 절제를 하면서 에너지를 아껴 두라고. 그래야 체력이 만들어지니까."

내가 체력이 없어서 이렇게밖에 살 수 없다는 그의 말에 기운이 쏙 빠져 버렸다. 커피 잔을 들고 남은 한 모금을 마셨다. 그도 머그 잔을 들더니 마지막 한 방울까지 입술을 내밀고 빨아 마셨다. 나는 그 모습을 빤히 바라보았다. 그는 머그잔을 내려놓고 안경을 벗어 손에 들었다.

"잘 봐."

그는 안경 렌즈를 햇빛을 향해 비추었다.

"안경이라 그런가? 잘 안 되네."

몇 번을 반복하더니 짙은 갈색 테이블 위에 제법 그럴싸한 모양을 만들어 냈다.

"너 어릴 때 이런 짓 해봤지? 돋보기로 이렇게 작은 점을 만들어서 종이를 태우는 거 말이야."

그의 말대로 20년 만에 처음 보는 짓이었다. 그는 안경을 계속 햇빛에 비추면서 이야기했다.

"이 돋보기가 너라고 치자. 네가 아침에 일어나서 잘 때까지 초점을 어디에 두고 사는지 잘 생각해 봐."

말없이 안경을 바라보았다.

"사람은 말이야. 하루를 시작하면서 누구나 똑같은 시간과 에너지를 갖고 출발하는데, 그것을 어디에 사용하느냐에 따라 나처럼 부자가 될 수도 있고, 너처럼 그저 그렇게 살 수도 있지."

시선을 돌려 안경이 만들어 낸 둥근 원을 바라보았다.

"네가 비추는 곳이 이렇게 한 곳에 집중되어 있다면 어느 분야에서든 성공을 하겠지만, 지금처럼 여러 곳에 분산된다면 하나도 성공하지 못할 거야."

그는 안경을 내려놓고 내 얼굴을 바라보았다.

"네 관상을 보아 하니, 평소 거절을 잘 못 하지? 돈 빌려 달라는 거, 놀러 가자는 거, 술 먹자는 거 다 거절 못 하고 쓸데없는 모임에다 집안 경조사까지 다 챙길 것 같은데? 오지랖도 더럽게 넓고 말이야."

실제로 나는 몇 년 후 H지점장에게 돈을 빌려 주고 보증까지 서면서 어마어마한 돈을 잃게 된다.

마음만 앞선 채 분주한 사람에게 고함

하루의 에너지를 어디에 사용하느냐에 따라
부자가 될 수도 있고, 그저 그렇게 살 수도 있다.

"여기저기서 힘 빼지 말고 한 곳에만 집중해. 생산적인 곳에 말이야."

그의 말처럼 지금까지 만나 본 부자들은 공통적으로 생산적인 곳에 온 신경을 집중하며 항상 돈을 많이 벌어들였다. 하지만 보통 사람들은 온갖 일에 신경을 쓰고 에너지를 소비하는 경우가 대부분이다. 그래서 항상 돈이 없다.

잠시 후, 그의 아내가 돌아왔다. 도넛이 담긴 커다란 박스를 누 개나 들고 있었는데, 한 개는 아이들 주라며 나에게 건넸다. 지중해 부자는 자리에서 일어서며 시계를 보았다. 애들이 아직도 도착하지 않았느냐며 조금은 신경질적으로 물었고, 아내는 벌써 출국장으로 들어갔다고 했다. 라운지를 나오자 입구 쪽에서 비서로 보이는 사람이 기다렸다는 듯이 비행기 티켓과 서류를 들고 다가왔다.

"간다."

그는 그렇게 짧은 한마디를 남기고 출국장을 향해 걸어갔다.

· · · ·

인천공항이 새롭게 개항했다는 소식만 들었지, 실제로 와 본 건 그날이 처음이었다. 비행기가 아니라 사람을 만나기 위해, 그것도

마음만 앞선 채 분주한 사람에게 고함

보통 사람이 아닌 그분을 그곳에서 만났다는 사실이 지금까지도 꽤나 신선한 추억으로 남아 있다. 지금도 공항에 갈 때면 라운지에 들러 그때의 긴장을 떠올리곤 한다.

"큰일을 하려면 체력부터 키우고 한 가지에 집중해라."

그가 해준 이 말은 지금 생각해 봐도 마음만 앞섰던 나에게 최고의 조언이었다.

지중해 부자처럼 생각하기

부자가 되기 위한 첫 번째 조건은 체력!

무슨 일을 하긴 해야 하는데 엄두가 안 나거나 귀찮은 사람, 작심삼일로 쉽게 무너지고 조금 하다가 딴짓을 하고 싶은 사람, 마음만 앞서고 행동은 뒷전인 사람……. 모두 체력이 약한 사람들이다. 실력 있는 수험생이 중요한 시험에서 실수를 반복하는 것도 체력 저하로 나타나는 현상이다.

부자가 되려면 어느 분야에서 성공을 거둬야 하는데 그때까지 버티려면 어마어마한 체력이 필요하다. 그래서 부자들은 그런 체력을 유지하기 위해 많은 시간과 에너지를 쓴다. 체력이 약한 사람

마음만 앞선 채 분주한 사람에게 고함

들은 좋은 기회를 잡고도 엄두를 못 내거나 정상의 문턱에서 포기해 버린다. 부자가 되더라도 오래 버티지 못하고 다시 원상태로 돌아온다. 그 많은 자산을 관리할 체력이 없기 때문이다. 어쩌면 이렇게 말하는 사람이 있을지도 모르겠다.

"힘들더라도 정신력으로 버티면 됩니다."

하지만 정신력이 강한 사람들은 체력이 좋고, 반대로 정신력이 부족한 사람들은 체력이 약하다. 정신은 체력을 이길 수 없다. 체력이 부족하면 쉴 궁리만 하고 일이 생겨도 피하려 든다. 정신은 체력의 지배를 받기 때문이다. 우리가 부자를 부러워하고 시기하면서도 이기지 못하는 이유 역시 결국 체력이 약하기 때문이다. 부자들의 체력은 웬만한 사람들은 감당하지 못할 정도로 강인하다.

그래서일까? 지중해 부자는 제일 먼저 체력부터 키우라고 했다. 그럼 부자가 되기 위한 체력은 어떻게 키울 것인가? 운동하는 체력과 일하는 체력은 분명 다르다. 기초 체력은 운동으로 키울 수 있지만, 일에 집중하고 끈기 있게 밀어붙이는 체력은 좋은 행동을 반복하면서 키울 수 있다. 가령, 이런 것들이다.

- 충분히 잠을 자고 매일 일정한 시간에 기상하기
- 규칙적으로 스트레칭하고 명상하기

- 가슴에 땀이 흠뻑 젖을 정도로 운동하기
- 몰입하며 독서하기
- 말을 적게 하고 술은 주량껏 마시기
- 많이 걷기
- 혼자 산책하기
- 걱정이 아니라 고민을 하는 습관을 갖기

가장 중요한 건 늦게까지 놀고 마시며 에너지를 탕진하는 행위들을 절제하는 것이다. 이런 습관을 들인다면 매일 최상의 컨디션을 유지하고 결국 큰일을 감내할 체력을 완성할 수 있을 것이다. 대부분 하기 싫은 행동이지만 결국 부자의 길은 하기 싫은 소소한 행동이 반복되면서 만들어진다.

마음만 앞선 채 분주한 사람에게 고함

세상은 네모 안에 있는
세모와 같다

"네가 지금 힘든 건 직업을 바꿔서도 아니고 선택을 잘못 해서도 아니야.
사는 위치가 제일 아래에 있기 때문에 뭘 해도 힘든 거야.
상위층으로 올라가기 위해서는 사람들이 필요해.
너를 위로 올려 줄 사람들."

지중해 부자를 만난 다음날부터 운동을 했다. 그동안 공부해 온 재테크와 일본어는 잠시 접어 두고 하루에 두 시간씩 운동 시간을 가졌다. 가끔은 명상을 하며 혼자서 고민하는 시간도 별도로 즐겼다. 헬스클럽은 나에게 맞지 않았다. 싼 맛에 1년을 끊었다가 보름이나 갔을까. 한참 안 가다 보면 운동화 찾으러 가는 일마저 귀찮았다. 헬스장 대신 동네를 뛰고 출퇴근은 대중교통을 이용했다. 빈자리가 있어도 앉지 않겠다는 원칙까지 정해 두었다.

　1년이 지나자 그렇게 안 빠지던 체중이 감소했다. 집에 돌아오면 항상 느꼈던 피로감도 확실히 줄었다. 내 체력이 약하다는 그의 말이 옳았음을 절실히 깨달았다. 거창한 운동 없이 매일 몇 가지

세상은 네모 안에 있는 세모와 같다

행동을 반복하는 것만으로 얼마든지 체력을 키울 수 있다는 사실도 알게 되었다. 한 가지 아쉬운 점은 뱃살은 여전하다는 것. 다른 건 몰라도 매일 아내와 함께 마시는 맥주와 막걸리를 포기하지 못해서인지 여전히 넉넉하게 자리를 잡고 있었다.

예전만큼은 아니지만 간간이 H지점장을 만나 식사를 했다. 좋은 정보를 줄 때면 조금씩 투자를 했고 가끔 놀랄 만한 수익을 낼 때도 있었다. 물론 잠을 못 잘 정도로 잃은 적도 있었다. 사람을 만날 때 가장 많은 에너지가 소비된다고 해서 만나는 사람을 줄여 나갔다. 모임도 줄이고 술자리에도 거의 참석하지 않았다.

'어떻게 돈을 더 벌 것인가?'

나를 위한 생산적인 생각을 하기 위해 하루에도 수십 번씩 같은 고민을 했다. 특별한 답을 얻은 것은 아니지만 뭔가 생길 것 같은 느낌은 점점 선명해졌다.

이렇듯 나의 일상은 체력을 키워 보겠다는 몸부림과 돈만 밝히려는 머리 탓에 재미없고 단순한 생활의 연속이었다. 지중해 부자에게는 예전처럼 매일은 아니지만 꾸준히 이메일을 보냈다. 답장은 당연히 없었고, 한국에 몇 차례 더 온 것으로 아는데 H지점장만 만나고 나에게는 연락이 없어 서운했다.

그즈음 나에게 큰 변화가 있었는데 바로 직장을 그만둔 것이다.

군이 이유를 대라면 좋아진 체력 때문인지, 아니면 고민의 힘 때문인지는 모르겠지만 뭔가 큰일을 하고 싶다는 욕망이 생겨났기 때문이라고 하겠다. 나중에 알았지만 그건 욕망이 아니라 간이 부은 행동이었다. 잘 다니던 직장을 단번에 때려치우고 보험사를 찾아갔다. 보통 보험사 쪽에서 신입 사원 채용에 목숨을 걸지만 나는 내 발로 찾아간 보기 드문 경우였다.

보험사를 선택한 이유는 실적만큼 돈을 벌 수 있고 나의 관심사인 금융과 관련된 곳이었기 때문이다. 무엇보다 보험사에서 보여 준 상위권 실적자들의 연봉 수준이 그곳에 뼈를 묻고 싶게 만들었다. 하지만 활활 타오르던 의욕은 사라지는 데 3개월이 채 걸리지 않았다. 1년이 지났을 때에는 이미 다른 직장을 알아보고 있었다.

의욕만으로 할 수 있는 건 마당에 있는 나무를 1미터 옆으로 옮기는 정도라는 걸 절실히 깨닫고 있던 중, 전화벨이 울렸다. 3년 만에 그에게서 전화가 온 것이다.

● ● ●

전화를 끊고 나니 걱정이 앞섰다. 3년이나 지났는데 그에게 보여 줄 게 없어서 한숨이 절로 나왔다. 2주라는 시간이 있었고 운동

시간을 더 늘려야 했다. 건강한 모습이라도 보여 주어야 했으니까.

종로 2가 사거리에 있는 커피숍에서 그를 만났다. 어학원이 즐비한 곳이라 학생들로 북적거렸고 다들 영어책 한 권씩은 펼쳐 놓고 있었다. 앞자리에는 스님 한 분이 앉았는데 두꺼운 토익 책을 달달 외우고 있었다. 가끔 천장을 바라보며 중얼거리는 모습이 인상적이었다. 5월인데도 날씨가 참 더워서 대부분 반팔을 입고 있었다. 왜 이렇게 붐비는 곳에서 만나자고 했는지 알 수가 없었다.

약속 시간은 4시였으나 30분이 지나도록 그는 오지 않았다. 부자들은 시간관념이 철저하다고 자기 입으로 떠들어 놓고선 5시가 다 돼서야 나타났다. 만나자마자 약속 시간은 분명 5시였다고 우겨댔다. 그는 더 젊어 보였다. 단단한 체구와 약간 검게 그을린 피부, 거기에 야구 모자까지 쓰고 있으니 조금 보태서 40대로도 보였다.

옆 테이블에서 수다를 떠는 젊은 연인은 뭐가 그리 즐거운지 남자가 한마디 하면 여자는 박장대소하며 웃었다. 여자는 얼음밖에 남지 않은 음료를 얼마나 더 마시려는지 수시로 힘껏 빨대를 빨아댔다. 그 소리가 오늘따라 무척이나 크게 들렸다. 조용하고 여유롭게 이야기했던 인천공항 라운지와는 완전히 다른 분위기였다. 그가 시원한 걸 마시고 싶다고 해서 카운터에서 계산을 하고 아이스

커피 두 잔을 가져왔다. 커피를 건네주며 물었다.

"왜 이렇게 복잡한 곳에서 만나자고 하셨습니까?"

"여기가 내 동생 건물이거든. 예전에는 내 소유였는데 동생에게 팔았지. 내가 첫 번째로 가진 건물이라 그런지 정이 많이 들었어. 홍콩으로 떠나면서 팔았는데 괜히 판 것 같아."

그는 동생 이야기를 잠시 했다. 여동생이 하나 있는데 미국과 홍콩에서 임대 사업을 하고 있고 국내에도 건물이 서너 채 있다고 했다. 해외 여러 곳을 다니면서 함께 살았고 그중 한국을 가장 좋아해서 지금은 통영의 조용한 해안가에서 살고 있다고 했다. 자신은 주식으로 돈을 벌었고, 동생은 부동산으로 돈을 벌었다고 했다. 시원하게 커피 한 모금을 마시고 다시 물었다.

"이 건물이 선생님께 꽤 특별했나 봅니다. 남이 아니라 동생에게 파신 걸 보면."

근처 건물 중에서는 작은 편에 속했고, 위치는 대로변에서 한 건물 뒤에 있었다. 보기에 그리 좋아 보이지는 않았다. 그는 고개를 돌려 창가를 바라보았다.

"여기에 사연이 많아. 원래는 용산에 있는 건물을 사려고 했거든. 여기보다 위치도 좋은 데다가 지은 지도 얼마 안 된 새 건물이었고 말이야. 건설 사업으로 망한 뒤에는 부동산에는 별 관심이 없

세상은 네모 안에 있는 세모와 같다

없는데 매달 일정하게 돈이 들어올 데가 필요했어. 주식은 들쑥날쑥하잖아. 그래서 건물을 사기로 했지."

지금의 용산은 종로보다 더 발전해서 그곳을 샀으면 더 큰 돈을 벌었을 거라고 맞장구를 쳤다.

"맞아. 다들 용산 건물을 사라고 했거든. 터미널 근처라 임대 수익도 훨씬 좋았고."

지금의 남부터미널은 과거 용산에 있었다.

"그런데 왜 이곳을 선택하셨나요?"

그는 깊은 한숨을 쉬더니 창가를 응시했다.

"저기 사거리 보이지?"

그가 가리키는 종로 2가 사거리를 바라보았다. 많은 사람이 횡단보도를 건너고 있었다.

"내가 저기서 죽으려고 했거든."

나는 순간 놀라는 표정을 지었다. 그는 커피 대신 물 한 모금을 마시더니 천천히 과거 이야기를 들려주었다.

그는 젊을 적 건설업을 하다가 망했고, 식당을 했으나 역시 변변찮게 문을 닫았다. 빚이 너무 많아 버티지 못하고 결국 가족 모두 뿔뿔이 흩어져 살게 되었다. 아내는 주방 일을 하며 식당에서 살았고 아이들은 처형 집으로 보냈다. 그는 건설 현장의 막사를 옮겨 다니며 살았다.

"아주 가끔 이곳에 모여 식사를 했지. 여기 1층이 돼지갈비 집이 었어."

1년에 서너 번 식구들은 이곳에 모여 밥을 먹었다. 당시 첫째는 막 중학생이 되었고, 둘째는 이제 열 살을 넘긴 어린아이였다. 그래서인지 만날 때마다 엄마를 붙들고 우느라 밥을 못 먹었다. 이모 집에서 눈칫밥을 먹느라 얼굴 살이 쏙 빠졌는데 억지로 먹여도 도통 먹지 않았다. 식사를 마치면 앞에 보이는 사거리에서 헤어졌다. 그는 지하철을 타고 인천으로 가야 했고, 아내는 옥수동, 아이들은 성남으로 각자 흩어져야 했다. 헤어질 때가 되면 둘째가 엄마 품에서 한참이나 울어대서 엄마도 눈물을 훔치며 달래 주었다.

"그때는 내가 왜 그렇게 못났는지 몰라. 식구들 하나 못 먹여 살렸으니……."

신호가 바뀌고 각자의 길을 가던 중에 중학교에 입학한 큰아들에게 가방을 사 주기로 한 약속이 떠올랐다. 봉투에 돈을 넣어 왔는데도 잊고 있었다. 그는 가던 길을 멈추고 급히 돌아갔다.

"막 도착해서 보니까 다들 사거리에 그대로 서 있는 거야."

그는 말문이 막히는지 잠시 말을 멈췄다.

"서로 바라보고 서 있는데 그냥 그대로 죽고 싶더라고. 그래서 차도로 뛰어들었지. 운명이었는지 차들이 죄다 피해 가는 거야. 이 일대가 난리였어. 결국 큰아이 손에 끌려 나왔고."

조심스럽게 창밖의 사거리를 바라보았다.

"주식 투자는 그때부터 시작했지. 살 길이 그것밖에 없겠더라고. 막노동을 미친 듯이 뛰어 봤자 이자 갚고 나면 남는 게 없었거든."

그의 파란만장한 주식 투자 스토리는 당시 주식 좀 한다는 사람은 누구나 알고 있을 정도로 유명했단다. 그가 숨을 고르며 물을 마시자 내가 물었다.

"왜 하필 주식을 선택하셨어요?"

그때까지 건설과 식당 일을 했다면 주식과 관련한 경험이 전무했을 텐데 어떻게 주식을 알게 되어 선택했는지 궁금했다. 당시 주식 투자는 지금처럼 대중적인 것이 아니라 생소한 분야였다.

"나는 죽어라 일해서 하루에 3만 원도 벌까 말까인데, 건설사 직원들은 주식으로 하루에 100만 원을 넘게 버는 거야. 월급을 모아서 집을 사는 게 아니라 주식 1, 2년 하고 집을 사더라고. 그걸 보고 내 눈이 뒤집힌 게지."

88올림픽 이후 우리나라는 본격적인 주식 활황기가 시작되었다. 특히 건설 붐이 일면서 건설사 주가가 폭등을 거듭했다.

"주식 투자가 잘되었나 봅니다. 지금처럼 성공하신 걸 보면."

"그 얘긴, 나중에 하자고."

그는 깊은 숨을 내쉬었다. 주식 이야기가 궁금했지만 더 물어볼 수 없었다.

. . .

서로 말없이 커피를 마셨다. 그는 무슨 생각을 하는지 한참이나 창밖으로 보이는 사거리를 바라보았다. 어떻게 지냈느냐는 물음에 내 이야기를 시작했다. 그동안 이메일로 근황을 이야기했기에 길게 말할 필요도 없었다. 부끄러울 것도 숨길 것도 없이 그대로 전했다. 한참을 듣더니 얼굴은 좋아 보인다고 했다.

"지난번에 말씀하신 대로 체력을 키우고 있고, 이것저것에 신경 끊고 생산적인 곳에 집중하고 있습니다. 그래서 직업도 바꾸었는데 왜 생활은 더 힘들어지는지 모르겠습니다."

그는 피식 웃었다. 지난번처럼 누런 이를 보이며 비웃는 것 같았다. 의자를 바짝 끌어다 앉더니 말했다.

"종이 좀 꺼내 봐. 펜하고."

가방을 뒤졌는데 항상 있던 종이 한 장이 없었다. 어쩔 수 없이 빈 보험 계약서를 꺼내 뒤집어서 탁자에 올려놓았다.

"치워라."

그는 미간을 찌푸리며 냅킨을 펼쳐 탁자 위에 놓았다. 그리고 펜을 들더니 삼각형을 그렸다.

"잘 봐."

삼각형을 3등분하고 각 칸에 상, 중, 하라고 썼다.

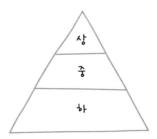

"세상은 말이야. 이렇게 세 부류로 나눠져 있지. 상위층, 중간층, 하위층으로 말이야. 이건 능력의 차이일 수도 있고, 소득이나 자산이 많고 적음의 차이일 수도 있어."

누구나 아는 이야기였다.

"가장 치열하게 사는 사람들은 경계에 있는 사람들이야. 한 단계 더 올라가려고 혼신의 힘을 다하고, 또 내려오지 않으려고 발버둥치거든."

나는 고개를 끄덕였다.

"이러한 삼각형 구조는 항상 유지가 돼야 혼란이 생기지 않아. 상위층이 적고 하위층은 많은 구조로 말이야. 반대로 상위층이 많고 하위층이 적다면 어떨 것 같은가?"

"잘사는 사람이 많으니까 당연히 살기 좋겠죠."

"그럴 것 같지만 세상은 곧 망할 거야. 자본주의 사회에서는 돈이 넘쳐날수록 위험해지거든. 특히 돈 많은 개인이 넘쳐난다면 돈의 가치는 떨어져서 휴지 조각처럼 될 테니 아주 위험한 게지."

인플레이션을 말하는 것 같았다.

"그래서 우리는 알게 모르게 이런 삼각형이 유지되는 세상에서 살고 있지."

머리가 조금 혼란스러워졌다.

"상위층은 극히 한정적이니 너처럼 거기에 들어가고 싶다면 기존의 한 명을 끌어내리던가, 아니면 구조적으로 중간층에 수만 명, 하위층에 수십만 명을 새롭게 늘려 놓아야 가능한 일인 게야."

머리가 더 복잡해졌다.

"상위층 사람들은 말이야. 자신의 위치를 유지하려고 엄청 애를 쓰거든. 자식과 손자한테까지 물려주려고 별의별 수단을 다 동원하지. 그래서 보통 사람들이 상위층으로 올라간다는 건 낙타가 바늘구멍을 통과하는 것만큼이나 어려운 거야."

나도 모르게 한숨이 나왔다.

"내가 주식을 배우기 시작했을 때 상위층에 들어가겠다는 마음을 갖고 당시 최상위 고수를 찾아갔어. 그분 주위에는 나처럼 배우러 온 사람이 많았는데 자연스럽게 이 비율대로 정해지더군. 망해서 나가는 사람(하위층)이 제일 많고, 그저 그렇게 생계를 유지하는 사람(중간층)이 두 번째로 많고 말이야. 어느 분야든 이상하리만큼 이 삼각형의 비율이 적절히 맞아떨어지더라고."

정말 그런 것 같기도 했다.

"넌 지금 어디쯤인 것 같지?"

그가 삼각형을 가리키며 물었다.

"중간쯤 아닐까요?"

나는 당연한 듯 대답했다.

"다들 그렇게 생각하는데 내가 보기에는 넌 제일 아래야."

그는 삼각형의 제일 아랫부분에 점을 찍었다. 기분이 나빴다. 내가 하위층이라는 생각은 지금껏 해본 적이 없었다.

"세상이 무슨 모양일 것 같아?"

얼마 전 딸아이가 물어본 것과 똑같은 질문이었다. 나는 딸아이에게 들려준 대답 그대로 말했다.

"지구가 둥그니까 당연히 둥글겠죠."

그는 또 누런 이를 보이며 비웃었다.

"크게 착각하고 있는 거야."

그는 삼각형 밖으로 큰 원을 그리더니 점선을 표시했다.

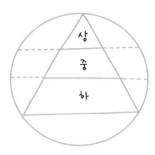

"이렇게 세상이 둥글면 하위층에 있는 사람들이 가장 풍요롭게 살아야겠지. 먹을 것이 제일 많으니까."

그는 펜으로 하위층의 옆면과 아랫면에 빗금을 쳤다.

"현실은 어떤가? 정반대잖아. 하위층으로 갈수록 먹을 게 없지만 상위층은 넘쳐나거든. 그러니 우리가 사는 세상은 둥근 게 아니지."

대체 무슨 말을 하려는 건지 도통 알 수가 없었다.

"내가 볼 때 세상은 네모 모양이야. 밖을 한번 봐. 죄다 네모났잖아. 네가 사는 집도 네모고, 드나드는 출입문과 아이들 방도 네모지. 매일 잠을 자는 침대와 창문까지도 말이야. TV, 냉장고, 식탁까지 죄다 네모난 것들로 채워진 세상에 살고 있어."

세상은 네모 안에 있는 세모와 같다

네모 모양이 많은 건 사실이지만 그렇다고 세상이 네모라는 건 억지스러웠다. 그는 다른 냅킨을 펼쳐 삼각형을 똑같이 그리고 주변에 네모를 반듯하게 그렸다.

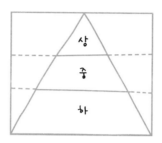

"네모난 세상에서는 하위층이 제일 많은데 그들이 먹을 건 별로 없고, 상위층은 적지만 먹을 건 제일 많아. 지금 세상과 똑같지?"

상위층 양면에 빗금을 쳤다.

"네가 지금 힘든 건 직업을 바꿔서도 아니고 선택을 잘못 해서도 아니야. 지금 네 위치가 제일 아래에 있기 때문에 뭘 해도 힘든 거야. 아무리 노력해 봤자 얻을 게 없거든."

그 말에 가슴이 답답해졌다.

"상위층에 있는 사람들은 조금만 움직여도 큰돈 버는 게 어렵지 않아. 힘들게 경쟁할 필요도 없고 말이야."

그는 허리를 곧게 펴고 나를 바라보았다.

"이런 세상에서 성공하려면 어떻게 해야 할까?"

"상위층으로 올라가야겠네요."

"그렇지. 사람들은 대부분 지금 있는 곳에서 노력하면 길이 열릴 거라 생각하는데 그렇지 않아. 하위층에서는 아무리 노력해 봤자 힘만 빠지거든. 어느 정도 성공은 기대할 수 있겠지만 결국 몸만 버리고 다시 내려오게 돼."

단도직입적으로 물었다.

"그럼 어떻게 위로 올라가야 할까요?"

그는 천천히 대답했다.

"영업한다고 사람들을 찾아다니지 말고 찾아오게 만들어 봐. 사람들이 돈까지 내면서 널 찾아온다면 너는 상위층에 올라간 셈일 테니까."

그는 자신의 초창기 주식 투자 이야기를 잠깐 해주었다. 주식을 배우고 본격적인 투자를 시작했을 때 아무리 높은 수익을 냈어도 남는 것이 별로 없었다고 했다. 자본이 적었기에 수익이 나 봤자 푼돈에 불과했던 것이다. 시간이 지나고 그의 실력이 소문났을 때 주변 사람들은 돈을 싸들고 그를 찾아왔다. 그 순간 자신이 비로소 상위층에 올라왔음을 실감했고, 그때부터 큰돈을 벌었다고 했다.

"너 같은 일반인이 상위층으로 올라가려면 무엇보다 인정해 주는 사람들이 필요해. 그 사람들이 너를 위로 올려 주거든. 그런 사람이 많을수록 빨리 올라갈 수 있지. 지금 당장 보험 계약 한 건 하겠다고 힘들게 뛰어다니지 말고, 좀 더 세상을 넓게 보면서 남들에게 인정받기 위해 어떤 걸 준비해야 할지를 고민해 봐."

그의 말을 들으니 답답했던 가슴이 조금씩 시원해지는 것 같았다. 그가 한마디를 더했다.

"네가 주로 만나는 사람들은 어떤지 생각해 봐. 상위층에 있는 사람인지, 아니면 위로 올라가려고 노력하는 사람인지. 너에게는 아주 중요한 문제니까."

대화가 마무리될 즈음 고개를 돌려 주변을 바라보았다. 시끄럽고 복잡한 커피숍이라 대화하기에 불편할 줄 알았는데 전혀 그렇지 않았다. 이곳에 얽힌 애절한 사연을 들어서인지 왠지 모를 정감도 느껴졌다. 옆자리에서 시끄럽게 웃으면서 떠들던 젊은 연인은 어느새 다른 사람들로 바뀌어 있었다. 토익 책을 열심히 외우던 스님은 여전히 꼿꼿한 자세로 앉아 눈을 감고 있었다.

그는 얼음이 녹아 보리차처럼 돼 버린 커피를 힘껏 빨아 마셨다. 오랫동안 앉아 있어서인지 허리가 뻐근했다. 허리를 살살 움직이면서 탁자 위에 놓인 냅킨을 바라보았다. 사람들을 나타내는 삼각형과 그 사람들이 사는 네모 세상. 이 냅킨을 기념으로 간직하고 싶었다. 액자에 넣어 두고 매일 아침마다 위로 올라가야 한다는 다짐을 새기고 싶었다. 그런 생각을 하고 있을 때 그가 냅킨을 들더니 코를 힘껏 풀었다.

"여름도 아닌데 왜 에어컨을 틀고 그래! 전기세 아깝게."

나는 아무 말도 하지 않고 그를 멍하니 바라보았다.

· · ·

상위층으로 올라가야겠다고 결심해서였을까. 나중에 나는 결국 보험사를 그만두었다. 우선 금융 전문가가 되겠다는 목표를 세우고 대출을 다루는 금융사부터 찾아갔다. 대출을 선택한 이유는 사람들의 가장 큰 고민거리였기 때문이다.

대한민국 성인 중 대출 없는 사람이 없을 정도로 언제부턴가 대출을 권하고 당연하게 받아들이는 사회가 되어 버렸다. 그것이 지금은 독이 되어 집집마다 퍼져 갔고 쉽사리 벗어나지 못하고 있었다. 어쩌면 대출이란 것은 상위층 사람들이 만들어 놓은 덫일지도 모른다는 생각이 들었다. 다른 사람들이 올라오지 못하도록 파 놓은 아주 깊은 덫 말이다.

어떻게 위로 올라갈 것인가?

　네모 속의 세모난 세상에서 살고 있다는 그의 말은 지금도 충분히 이해가 간다. 상위층에는 사람은 적지만 먹을 것이 많고, 하위층으로 갈수록 사람은 많은데 먹을 것이 적은 상황이 딱 우리가 사는 세상의 모습이다.

　지중해 부자는 냅킨에 삼각형을 그린 후 내 위치가 어디쯤이냐고 물었다. 그리고 내 위치는 하위층이라 단정 짓더니 그곳에 작은 점을 그리고 위로 솟는 화살표를 크게 그려 주었다.

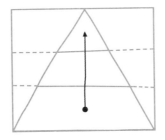

그는 말한다.

"일이 생각처럼 잘 안 되고 있다면 지금 상황에서 답을 찾지 말고 일의 방향을 바꿔라. 자동차를 한 대 더 팔려고 애쓰기보다는 누구나 인정하는 자동차 전문가가 되는 게 더 큰 소득을 보장할 것이다."

"하위층에서는 아무리 노력을 해도 얻을 것이 별로 없다. 상위층으로 올라가야만 더 많은 기회와 소득이 주어진다."

"어떻게 돈을 더 벌 것인가가 아니라 어떻게 위로 올라갈 것인가를 고민해야 한다."

세상은 네모 안에 있는 세모와 같다

궁상떨지 마라!
평생 그렇게 산다

"돈 없다는 말을 입에 달고 살면 평생 돈 없이 사는 거야.
맨날 돈 없다고 노래를 부르는데 어떤 사람이 좋아하겠어.
좋아하는 사람이 많아야 돈 벌 기회가 많을 텐데 말이야."

종로 2가 커피숍에서 그를 만나고 며칠 뒤 연락이 왔다. 여의도에 볼일을 보러 왔는데 시간 되면 국수나 먹자고 했다. 이렇게 짧은 터울로 연락을 했다는 사실이 참 놀라웠다. 당시 아직 보험사에 다니고 있을 때였다. 보험 일을 하는 사람은 시간이 자유로운데 그 자유로운 시간은 사람을 만나는 데 써야 한다. 무조건 만나겠다고 했다. 우리는 여의도 백화점 지하의 한 식당에서 만났다.

"한때는 이 지역을 대표하는 백화점이었는데 참 아까워."

나는 이런 백화점이 있는 줄도 몰랐다. 점심 시간이 한참 지났는데도 식당 안은 사람들로 북적거렸다. 그는 자리에 앉자 콩국수 두 그릇을 시켰다.

"이 식당을 주식에 비유하자면 우량주 중에서도 우량주야. 이런 식당이 상장된다면 당장이라도 투자를 하지."

"여기가 그 정도인가요?"

주변을 둘러보았다. 평범한 식당과 별 차이를 못 느꼈다. 손님들은 먹느라 정신없었다.

"메뉴를 봐. 별거 없잖아. 비싸긴 더럽게 비싸고 말이야. 그런데도 사람들이 미어터져. 어제도 왔었는데 한참 줄을 섰다니까. 반찬이라고는 김치 하나 달랑 주는데 원가가 얼마나 되겠어. 남는 게 많을 거야."

고개를 돌려 메뉴판을 바라보았다. 콩국수, 비빔국수, 닭칼국수가 전부였고 가격은 국수 가격이라고 믿기 어려울 정도로 비쌌다. 이 돈으로 차라리 맛있는 밥을 먹겠다는 생각이 들었다.

"그런데 참 이상해. 어제는 별맛이 없었거든. 줄을 서면서까지 먹을 정도는 아니라고 생각했는데 오늘 점심 때가 되니까 또 먹고 싶어지는 거야. 그게 비결인가 봐."

금세 국수가 나왔다. 국물이 얼마나 걸쭉한지 콩국수가 아니라 콩비빔국수 같았다. 나는 물었다.

"여의도에는 어쩐 일이세요?"

그는 젓가락을 들고 콩국수를 듬뿍 떠 입에 넣으면서 말했다.

"여기 사무실 좀 알아보려고."

나도 한 젓가락을 먹었다. 걸쭉한 국물 속 면발이 어찌나 쫄깃한지 마치 쫄면을 먹는 것 같았다.

식사를 하면서 한국에 온 이유를 들었다. 자신이 소유한 홍콩의 투자회사는 일본과 싱가포르에 투자를 하고 있는데 이번에 한국에도 투자하기로 결정을 내렸다고 했다. 또 그 일과 관련된 준비를 하기 위해 왔고, 어제와 오늘은 비서가 추천한 사무실 몇 곳을 둘러봤다고 했다.

"항상 함께 다니던 비서는 어디 가고 오늘은 왜 혼자세요?"

"휴가 보냈어. 이럴 때 아니면 혼자 있는 시간이 많지 않거든. 여의도는 추억이 많아서인지 혼자 있고 싶을 때가 많아."

사무실은 정했느냐고 물으니 곧 계약할 거라 했다.

"이왕이면 강남 쪽이 좋지 않을까요?"

나는 강남 지역에 대해 알려 주었다. 새로운 금융 타운으로 거듭나고 있고, 교통도 편리하고 유동 인구도 많아 사무실을 차리기에는 아주 적합한 곳이라고 했다. 내가 근무하는 보험사가 강남에 있어서 이왕이면 근처에서 더 자주 만날 수 있을 것 같기도 했다.

"주식 하는 사람은 여의도에 있어야지. 강남은 너 같은 애가 일하는 곳이고."

우리는 식사를 마저 했다. 그렇게 식사를 하던 중 전화벨이 요란스럽게 울렸다. 아내였다. 받지 않고 휴대폰을 엎어 놓자 또다시 벨이 울렸다.

"급한 전화면 받아."

아내의 전화라고 했고, 별일 아니라고 했다. 또다시 벨이 울리자 별일이 되어 버렸다.

어젯밤 TV 홈쇼핑 채널에서 주얼리 세트를 판매하고 있었다. 목걸이와 귀걸이, 거기에 머리핀까지 서비스로 포함해서 99,000원이었다. 쇼호스트들이 특급 찬스라며 목청을 높여서 보니 한눈에도 화려한 게 예뻐 보였다. 평소 홈쇼핑 채널을 보지 않는 아내였지만 어제는 달랐다. 한참이나 시선을 떼지 못하고 있었다.

"사 줄까?"라고 물었고, 아내는 "예쁜데 비싸서"라며 우물쭈물했다. 몇 번을 사 줄까 하고 물었지만 아내는 됐다는 말만 했다. "우리 형편에 아껴 써야지"라는 말 한마디에 결국 싸움이 났다. 그때부터 냉전 중이었고 아내가 먼저 전화를 한 것이다. 항상 그랬듯이 이번에도 아내가 먼저 화해하려고 전화를 했을 것이다.

이 이야기를 그에게 했다. 그는 젓가락을 내려놓고 손수건을 꺼내 입에 잔뜩 묻은 콩국물을 닦아 내며 말했다.

"그까짓 것 얼마나 한다고……."

말 끝자락에 '못난 놈'이라고 주절거리는 입 모양이 분명히 보였다.

"여자가 보석을 보면 갖고 싶은 건 당연한 거고, 갖고 싶으니까 자꾸 바라봤겠지. 그거 사 준다고 길바닥에 나앉는 것도 아닐 텐데 뭘 물어봐? 그냥 사 주면 되지."

나는 돈이 문제가 아니라고 했다. 어제의 상황을 다시 한 번 설명했고, 그럴수록 쪼잔한 사람이 되는 것 같았다.

"돈은 아껴 쓰는 게 맞지만 쓸 때에는 써야지. 매번 사 달라는 것도 아니고 어쩌다 한 번일 텐데."

그렇지만 돈을 아껴 써야 할 때였다. 당시 나는 경제적으로 많이 위축된 상황이었다. 보험 일을 하면서 실적이 줄어들자 당연히 소득이 줄었고, 그래서 돈에 예민해질 수밖에 없었다. 아이들에게 과자 사 주는 것까지 신경이 쓰일 정도였으니까. 통장에는 항상 돈이 넉넉히 있었는데 그 돈으로 생활비를 충당하니 잔고가 급격히 줄어들었다. 게다가 종자돈의 절반으로 H지점장이 자신 있게 알려 준 회사의 주식을 샀는데 6개월이 지난 지금 마이너스 40퍼센트까지 떨어지고 있었다. 우량주도 그렇게까지 급락할 수 있다는 걸 그때 처음 알았다.

소득은 줄고 주가는 떨어지고 있으니 더욱 신경이 곤두섰다. 건

궁상떨지 마라! 평생 그렇게 산다

강보험료나 전기세 고지서를 보면서 울컥하는 경우도 많았다. 그런 나를 보면서 아내는 아이들 학습지를 끊었고, 건강을 위해서는 좋은 물을 마셔야 한다며 친한 지인에게 설득당해 들여놓은 임대 정수기조차 해지했다. 욕실의 비데는 그저 변기 커버 역할만 하고 있었다. 전기세를 아긴다며 코드를 뺐기 때문이다. 그렇게 가족 모두 마음 편치 않은 생활을 하고 있던 시기였다.

그는 천천히 말했다.

"돈은 말이야. 없을수록 당당히 써야 하는 거야. 반대로 돈이 많을 때에는 지금처럼 아껴 쓰고 말이야. 근데 대부분 너처럼 반대로 하거든. 돈이 없으면 위축이 돼서 벌벌 떨며 살다가 돈이 많아지면 언제 그랬느냐는 듯이 펑펑 쓰지."

아내 덕분에 돈 쓰는 법을 배우고 있었다.

"돈 없다는 말을 입에 달고 살면 평생 돈 없이 사는 거야."

"왜 그런가요?"

안 그래도 요즘 돈 없다는 말을 자주 하고 있다는 생각이 들었다. 그래서 그 이유가 궁금했다.

"맨날 돈 없다고 노래를 부르는데 어떤 사람이 좋아하겠어. 좋아하는 사람이 많아야 돈 벌 기회가 많을 텐데 말이야."

'그런가?'

나는 고개를 갸우뚱했다.

"돈을 쓸 때에는 소소하게 쓰지 말고 한 번을 쓰더라도 티 나게 쓸 줄 알아야 해. 1년 내내 커피 사 주는 사람하고 어쩌다 한 번 호텔에서 밥 사 주는 사람 중에 누가 더 기억에 남을 것 같은가?"

"그야 당연히 호텔에서 밥 사 주는 사람이겠죠."

"커피는 그냥 잘 마신 걸로 끝나지만 호텔은 그 사람 덕분에 와 봤다며 두고두고 기억할 거야. 따지고 보면 커피 사 준 사람이 돈은 더 썼을 텐데 말이야."

그는 주전자를 들고 컵에 보리차를 따랐다.

"돈은 안 쓰는 게 가장 좋고, 어차피 써야 한다면 티 나게 써야 하는 거야."

다음날 아침 홈쇼핑 회사에 전화를 걸었다. 매진됐다는 상담원을 겨우 설득해서 주얼리 세트를 주문했다. 아내는 10년이 지나도록 그 목걸이를 하고 다닌다.

• • •

계산을 하고 식당을 나왔다. 그가 식사를 하자고 불렀기에 당연히 먼저 계산을 할 줄 알았는데 그냥 나가 버렸다. 잘 먹었다는 말

한마디 듣지 못했다. 좀 걷자는 그의 말에 한강을 따라 걸었다. 먼 곳에 63빌딩이 보였다. 5월의 햇살이라 그런지 눈이 부셔서 눈물이 날 정도였다. 천천히 걸으면서 그가 이야기했다.

"나와 함께 주식을 배운 사람이 있었어. 참 성실하고 착한 사람이었지. 그런데 돈에 너무 인색한 거야. 벌 줄만 알았지 쓸 줄을 모르더라고. 퇴근하는 길에는 그냥 집으로 들어가는 법이 없고 반드시 빈 병이라도 주워 갔지."

"엄청 알뜰한 분이네요."

"그건 알뜰한 게 아니라 궁상떠는 거지. 가끔 가족끼리 모여서 계곡에 놀러 가곤 했는데 그럴 때마다 남은 음식이건 뭐건 죄다 싸 들고 가는 거야. 그러지 말라고 해도 아깝게 왜 버리느냐면서 항상 한 박스씩 챙겨 갔지."

궁금해서 물었다.

"그분도 부자가 되셨겠네요?"

옆에 있는 이분 정도는 아니어도 함께 주식 공부를 했고 그렇게 알뜰한 사람이라면 어느 정도 부자가 되어 있을 거라 생각했다. 어쩌면 더 큰 부자가 됐을지도 모른다는 생각도 들었다.

"나도 그럴 줄 알았는데 아직까지 그러고 살아. 어제 만났는데 밥 한 그릇 사 주고 보냈어."

그는 쓸쓸한 표정을 지었다.

"아직도 이 근방 사무실에서 주식 투자를 하고 있더라고. 그것도 자기 사무실이 아니고 여럿이 함께 쓰는 비좁은 공동 사무실에서 말이야. 돈 좀 벌었을 때 내가 누누이 말했거든. 이제 그런 궁상은 그만 떨고 사람답게 좀 살라고. 하지만 아무리 말해도 어림도 없더라고."

"그분은 검소한 습관이 몸에 배어 바꾸기 힘들 거예요. 그 정도로 아꼈으니까 그 정도의 생활을 유지한다고 생각할 것이고, 그러니까 한 푼이라도 아끼려고 하는 거고요."

요즘 내 생활이 항상 아끼는 데 초점이 맞춰져서인지 이날은 아끼는 습관이 더 좋은 결과를 준다는 내 생각을 확인하고 싶었다. 그는 뒷짐을 지며 말했다.

"생각해 봐. 그렇게 아낀다고 해봐야 얼마나 아끼겠어? 빈 병 주워다 한 달 내내 팔아야 몇만 원이나 벌까? 남들이 버린 것을 언젠간 필요할 거라며 죄다 주워 모으고, 물건을 사더라도 싼 것만 고르고, 밥을 먹어도 싼 음식만 먹는 사람이 어떻게 큰일을 하겠어? 그런 삶에 한 번 빠져들면 평생 그렇게 살아야 해. 두뇌가 적응해 버리거든. 비싼 건 내 것이 아니라고 판단을 내려 버리지. 그래서 평생 그렇게 살아야 하는 거야."

"그래도 부자가 되려면 아끼는 게 먼저잖아요."

"적당히 아껴야지. 그렇게 아끼는 것도 보통 에너지가 소비되는 게 아니야. 신경 쓸 게 많거든. 한 푼이라도 아낄 생각 말고 한 푼이라도 더 벌 생각을 해봐. 똑같은 에너지를 가지고 어떤 사람은 한 달에 기껏 몇만 원 아끼는 데 쓰고, 다른 사람은 몇백만 원 더 버는 데 썼다면 누가 더 잘하고 있는 거지?"

당연히 후자였다.

"돈은 아끼는 게 맞지만, 너무 아끼려고 궁상떨지는 말라는 소리야."

"네."

그는 지금까지도 내 기억에 선명히 남아 있는 명언과 같은 한마디를 던졌다.

"돈이 없어 찌질한 게 아니라, 찌질하게 사니까 돈이 없는 거야."

어느새 멀리 보였던 63빌딩이 눈앞에 다가왔다. 그는 오랜만에 이곳에 왔다며 허리를 뒤로 젖혀 가며 빌딩의 꼭대기를 바라보았다. 나도 초등학교 때 시골에서 올라와 이곳에 처음 왔을 때 저렇게 바라본 기억이 났다. 저렇게 바라보면 촌놈이고 서울 사람은 눈으로만 본다는 이야기도 생각났다.

· · ·

조금 더 걸어서 한강 공원으로 들어갔다. 선착장을 지나 벤치에 앉고 싶었지만 그늘진 곳은 다른 사람들이 차지하고 있었다. 그는 계속해서 걸었고 힘든 기색이 없었다. 나는 좀 힘이 들었다. 잠시 후 우리는 벤치에 앉았다. 햇살이 따갑게 비치고 있었지만 그는 신경을 안 쓰는 것 같았다. 한강을 바라보니 물살을 가르며 미끄러지듯 유람선이 지나갔다. 갑판 위에 서너 명 정도가 서 있었다. '저렇게 사람이 없어서 장사가 되나?' 하는 생각을 하고 있는데 한참이나 말이 없던 그가 입을 뗐다.

"돈은 돌고 돈다는 말, 들어봤을 거야."

고개를 돌려 그를 바라보았다.

"내가 돈을 많이 벌어도 봤고 많이 쓰기도 하면서 느낀 건데 돈은 역시 쓸수록 더 벌리더라고. 그래서 돈은 돌고 돈다는 말이 생겼나 봐."

조금은 의아하게 들렸다.

"주식 투자를 시작하고 3년쯤 지났을 때 어느 정도 자리가 잡히면서 집을 장만했지. 그렇게 못살던 사람이 집을 샀다니까 소문이 금세 퍼지더라고. 평소 친하지 않았던 사람들까지 연락이 왔으니까."

궁상떨지 마라! 평생 그렇게 산다

며칠 전 만남에서 그가 들려준 가족과 떨어져 살았다는 이야기가 떠올랐다. 3년 만에 집을 살 정도면 꽤 빨리 자리를 잡았다는 생각이 들었다.

"당시 처갓집 사정이 안 좋았어. 장인이 병원에 오래 있다 보니 돈이 떨어진 게지. 버는 사람도 딱히 없었고. 장모가 아내에게 부탁을 했어. 나는 모른 척했고 집을 사느라 돈이 없다는 말만 되풀이했지."

지난번 인천공항에서 나에게 도넛을 선물해 주셨던 사모님이 떠올랐다. 이분과 다르게 참 인자하면서 고전적인 외모가 인상적이었다.

"아내는 며칠 동안 잠을 못 잤어. 더는 볼 수가 없어 고민을 하다가 500만 원이란 거액을 건네주었지. 당시 우리 집을 3,000만 원에 샀으니 얼마나 큰돈이야."

지금으로 따지자면 5,000만 원은 훌쩍 넘는 돈이었다. 쉽지 않은 결정이었을 것이다.

"그 돈을 주고 얼마나 아까웠는지 몰라. 그때부터는 내가 잠을 못 자겠더라고. 미쳤다는 생각을 수백 번 했지. 절반은 돌려달라고 말하려다 결국 말도 못 꺼냈어."

나 같아도 당연히 그랬을 것이다.

"그런데 이상한 게 그 돈을 준 다음부터 돈이 막 벌리는 거야. 여기저기서 좋은 정보도 들어오고, 주식을 샀다 하면 마구 오르더라고. 뭐라고 설명할 수 없을 정도로 돈을 벌었지."

나도 모르게 침을 꿀꺽 삼켰다.

"그런 일이 몇 번 더 있었어. 처가뿐만 아니라 주변에 어려운 사람이 생기면 그냥 도와줬지. 버리는 셈 치고 그냥 돈을 줬는데, 정말 이상했어. 쏙 그 이상의 돈이 들어왔거든."

"그럼 지금도 남을 도와주시겠네요?"

"지금은 방법이 달라졌어. 워낙 많은 곳에서 도와 달라는 요청이 오니까 감당하기가 힘들어. 몇몇 단체에 정기적으로 기부를 하고 있지."

나도 얼마 안 되는 돈이지만 매달 자동으로 빠져나가는 기부금을 내고 있었다.

"남을 위해 쓰는 돈은 없어지는 게 아니야. 어쩌면 투자일 수도 있다는 생각이 들어."

"그럼 남을 위해서 일단 돈을 막 써야겠네요?"

그는 못마땅한 듯 혀끝을 찼다.

"돈은 어떤 경우에라도 막 쓰는 법은 없는 거야. 쓰더라도 가치 있게 써야지."

궁상떨지 마라! 평생 그렇게 산다

"아무리 그래도 현실적으로는 무척 힘들 것 같아요. 당장 우리 식구 먹고살기도 빠듯한데 남을 위해 가치 있게 돈을 쓴다는 게 말처럼 쉬운 게 아니거든요."

그는 계속해서 못마땅한 표정으로 말했다.

"그러니까 넌 돈이 없는 거야. 그릇이 그것밖에 안 되거든."

얼굴이 화끈 달아올랐다.

"네 그릇은 딱 식구들 먹여 살릴 정도의 크기인 거야. 그런 작은 그릇을 갖고 많은 돈이 들어오길 바라면 안 되지."

조용히 한숨이 나왔다.

"복권에 당첨돼서 벼락부자가 된 사람들을 봤을 거야. 나중에 어떻게 살던가?"

얼마 전 뉴스에서 들은 내용이 기억났다.

"대부분 전보다 더 못산다고 들었습니다."

전세로 살던 사람이 월세로 살고, 멀쩡한 직장인이 빚쟁이가 되는 경우가 흔했다.

"왜 그런 것 같은가?"

"그야 돈을 펑펑 써서 그런 게 아닐까요?"

"그릇이 작아서 그런 거야. 그릇은 작은데 큰돈이 한꺼번에 쏟아지니 감당하지 못하고 엎질러진 게지. 그나마 있던 돈도 다 잃고

돈을 많이 벌고 싶다면,
당신의 그릇부터 키워야 한다.

말이야."

그는 고개를 돌려 나를 바라보며 말을 이었다.

"돈을 많이 벌고 싶다고 했지? 그럼 그릇부터 키워 봐. 그래야 큰돈도 벌고 그 돈을 잘 간직할 수 있거든."

그러고는 그는 다시 강가를 바라보았다.

"그럼 그릇을 어떻게 키워야 할까요?"

"어려울 것 없어. 남들에게 쓰는 만큼이 딱 네 그릇이니까."

한참 생각했다. 내 그릇을 키우기 위해 남을 위해 돈을 쓰라고 했는데, 과연 어느 정도까지 써야 하는지 분명하게 구분되지 않았다. 술값까지 낼 필요는 없다는 생각이 들었다. 그를 바라보며 우스갯소리로 물었다.

"그럼 제게는 왜 돈을 안 쓰시나요? 만날 때마다 제가 계산했거든요."

"너는 내 그릇을 키워 줄 사람이 아니잖아. 내가 네 그릇을 키워 줄 텐데 당연히 네가 써야지."

나는 그냥 웃고 말았다.

"남을 감동시키면 네 그릇은 저절로 커질 거야. 그러니 돈은 그때 써야겠지."

한동안 말이 없던 그가 다시 입을 열었다.

지중해 부자

"부자가 되는 아주 쉬운 비결을 알려 줄까?"

깜짝 놀라 눈을 동그랗게 뜨고 대답을 기다렸다.

"사람을 만나면 밥은 네가 사라."

궁상떨지 마라! 평생 그렇게 산다

부자들은 돈을 어떻게 쓸까?

부자들은 돈을 쓰는 데 우선순위가 있다.

첫째, 남을 위해 쓴다

여기서 '남'은 아무나 될 수 없고 나의 그릇을 키워 줄 수 있는 사람에 한한다. 사업을 하는 사람은 미래의 고객이 될 사람을 위해, 투자를 하는 사람은 고급 정보를 주거나 투자 자금을 댈 사람 혹은 그럴 가능성이 있는 사람을 위해 돈을 쓴다.

둘째, 남을 감동시키기 위해 쓴다

남을 감동시키면 그 이상의 돈을 벌 수 있다는 것을 경험으로 알기 때문에 과감하게 쓴다. 그래서 기부 문화가 부자들 사이에 쉽게 정착되었는지도 모른다. 돈은 돌고 돌아 언젠가는 다시 올 것이란 것을 믿고 있다. 내가 아니면 자식에게라도 올 것이라고 생각한다.

우리는 대부분 나를 위해 혹은 가족을 위해 돈을 쓴다. 남을 위해 쓸 여유가 없다고 항변하지만 돈을 더 벌어도 상황은 여전하다. 왜냐하면 그럴 마음이 없으니까. 내가 좋은 집에 살아야 하고, 좋은 차를 타고 다녀야 한다. 거기에 좋은 옷을 입고, 좋은 음식을 먹어야 한다.

그렇게 나와 가족에게만 돈을 쓰면 돈은 그저 없어지는 것에 불과하다. 다시 돌아올 여지가 없다. 돈은 나한테만 쓰면 돌지 않는다. 남들에게 써야 돌고 돌아서 새끼까지 쳐서 돌아온다.

부자도 부자에게
사는 법을 배운다

"사과 하나를 먹더라도
제일 비싼 걸로 한 개만 먹을 줄 알아야 해.
싼 걸로 여러 개 먹을 생각 말고."

한강을 떠다니던 유람선이 선착장에 도착하자 여러 사람들이 몰려나왔다. 그는 사람들을 한참이나 바라보았다.

"아이들이 어릴 때 저 유람선을 타고 싶다고 그렇게 졸랐는데 한 번을 못 태워 줬어."

나도 유람선을 타 본 지가 언제인지 기억조차 나지 않았다.

"뭐든지 시기가 있는 것 같아. 지금은 태워 준다고 해도 안 타겠지."

그는 '저 배를 타고 싶어요' 하는 어린아이의 표정으로 나에게 티켓을 끊어 오라고 했다. 나는 조금은 당황스런 표정으로 매표소로 가서 20분 후에 출발하는 티켓을 받아 왔다. 그에게 티켓을 보여 주자 무척이나 좋아했다. 다시 벤치에 앉아 한강을 바라보았다.

부자도 부자에게 사는 법을 배운다

"부자들은 어떻게 살 것 같은가?"

"당연히 멋진 집에서 살고, 좋은 음식을 먹고, 해외여행도 자주 하면서 행복하게 살 것 같습니다."

내 대답에 그는 미소를 지으며 말했다.

"지난번에 한 세모 이야기 기억나?"

나는 고개를 끄덕였다.

"부자들도 자산이나 소득에 따라 상, 중, 하로 나눌 수 있지. 상위권 부자들이야 상상할 수 없는 삶을 살겠지만 이제 막 부자 대열에 들어선 사람들과 아래층의 위태로운 부자들은 그리 행복한 것만은 아냐. 언제 몰락할지 모른다는 불안감 때문에 보통 사람보다 못한 경우가 많거든."

그는 '내가 부자가 되었구나'라고 느낄 정도로 자산을 모았을 때의 일화를 들려주었다.

"돈이 충분하니까 제일 먼저 자식들 교육이 욕심나는 거야. 어릴 적에 이모 집에서 자라게 한 게 항상 미안했거든. 그래서 미국으로 유학을 보내기로 했지. 지금처럼 유학원이 흔하지도 않았고 정보도 없었을 때니까 어떤 학교가 좋은지 직접 알아볼 수밖에 없었어. 그래서 가족여행 겸 미국으로 놀러 갔는데 그것이 계기가 돼서 3년이 넘도록 눌러살게 된 거야."

'부자들은 여행을 가서 마음에 들면 그냥 눌러앉는구나.'

그런 생각을 하니 기운이 빠졌다.

"그곳에서 소위 백만장자라는 사람들을 만났는데 한국에서 본 부자와는 차원이 다르더라고. 나도 많은 걸 배웠으니까."

그는 미국에서 겪은 일들을 이야기했다.

"이왕 미국에 갈 거면 큰 도시가 좋을 것 같아서 뉴욕을 선택했지. 도심가에 있는 맨션아파트를 임대해서 살던 중에 한국 교민이 소개한 파티에 가게 된 거야. 그곳에서 아주 대단한 백만장자를 만났는데 그 파티를 주최한 사람이더라고."

영화에서나 봤던 파티 장면이 떠올랐다. 멋진 턱시도를 입고 와인을 마시며 이야기하는 모습을 부러워한 적이 있었다.

"난 그런 파티가 무척 낯설어서 구석진 자리에 조용히 앉아 있었어. 그때 그 백만장자가 다가오더니 자연스럽게 인사를 건네는 거야. 영어가 유창하지 않아서 대충 인사하고 자리를 피하고 싶었는데 내가 알아듣지도 못하는 말을 한참이나 떠들더라고."

당시 상황이 어땠을지 상상이 갔다.

"그 파티는 공식적으로 기부를 하는 자리였던 거야. 나중에 알았지만 백만장자가 나에게 기부 좀 하라며 한참을 떠들었던 거고. 1부에는 와인을 마시며 서로 인사를 나누었고, 2부가 되자 한 명

부자도 부자에게 사는 법을 배운다

씩 단상에 올라가서 기부금을 발표하고 소감을 말하는 행사가 시작되었어. 그런데 백만장자가 나를 제일 먼저 단상에 올리는 거야. 오늘 처음 온 회원이라며 인사를 시키더니 대뜸 얼마를 기부할 거냐고 물었지."

나도 모르게 웃음이 나왔다.

"얼마를 기부하셨는데요?"

"얼떨결에 10만 달러라고 했어. 그랬더니 다들 놀라서 박수를 치더라고. 다들 그 정도는 할 줄 알았는데 나 다음으로 많이 한 사람이 2만 달러였으니까 내가 그날 얼마나 많은 돈을 냈는지 짐작이 될 거야. 파티가 끝나고 어찌나 열이 받던지 며칠 동안 잠을 못 잤어. 만 달러만 냈어도 충분했는데 말이야."

처음 간 자리에서 그렇게 큰돈을 기부했으니 잠이 안 올 만했다.

"행사를 주최한 백만장자는 내가 돈이 아주 많은 줄 알았나 봐. 그곳에 모인 사람들에 비하면 아무것도 아닌데 말이야. 그들은 자선 모임이 워낙 많다 보니 여러 곳에 돈을 쪼개서 조금씩 내거든."

나는 고개를 끄덕였다.

"파티가 끝나고 백만장자에게서 연락이 왔어. 자기 집에 초대하고 싶다기에 또 돈을 내라고 할 것 같아 거절했지. 그런데도 계속 연락이 와서 만 달러만 기부하겠다고 마음먹고 아내와 아이들을 데리고 놀러 갔어."

"엄청나게 큰 집에서 살고 있었겠네요?"

할리우드 영화에서나 나옴직한 으리으리한 집들이 생각났다.

"롱아일랜드 동쪽 끝자락에 위치한 대저택에서 살고 있었는데, 그곳은 뉴욕에 사는 부자들이 노년을 보내기 위해 오는 곳으로 유명하지. 백만장자의 집은 지도를 보고도 도저히 찾을 수가 없었어. 진입로에서 최소한 2킬로미터는 떨어져 있어서 보이지 않았거든. 물어볼 사람도 없고 말이야. 결국 그의 집사가 나와 줘서 찾아갈 수 있었지. 나중에 알았지만 그곳의 집들 대부분이 찾기 힘들 정도로 깊숙한 곳에 있더라고. 보안 때문이라고 하는데 아무래도 자신만의 생활을 노출시키기 싫은 게지."

"그런 곳에 집이 있을 정도면 대지 면적이 엄청날 것 같은데요? 수영장과 골프장도 있고요."

"수영장이야 대부분 있지만 골프장은 공동으로 만들어서 사용하더라고. 그쪽 멤버가 아니면 출입조차 할 수 없고 일반인은 있는지조차 몰라. 특이한 건 집집마다 농장이 있다는 거야. 소와 돼지는 물론이고 닭, 오리, 토마토, 고추, 과일까지 웬만한 것은 다 재배하고 있더라고. 직업이 농부도 아닐 텐데 말이야."

대저택과 소와 돼지를 키우는 외양간은 웬지 어울리지 않는다

부자도 부자에게 사는 법을 배운다

는 생각이 들었다. 중세 시대도 아니고 말이다.

"알고 봤더니 백만장자들은 먹을 음식을 직접 기르고 있었던 거야. 음식을 주문하면 바로 도축하거나 야채를 뽑아서 요리를 하지. 좋은 품종에 좋은 먹이를 먹고 자라서인지 맛이 확실히 달랐어. 난 상상도 하지 못했던 일이었지."

"저 같으면 힘들게 키울 게 아니라 좋은 것을 사서 먹을 것 같아요. 일일이 키우려면 비용이 많이 들 테니까요."

"그 사람들은 돈이 문제가 아니야. 백만장자들이 제일 무서워하는 게 뭔지 알아?"

"그들도 무서운 게 있을까요?"

"하나같이 질병을 제일 무서워해. 그래서 감염에 민감할 정도로 신경을 쓰지. 집 안 곳곳에 세균 억제 장치는 물론이고, 개인 주치의를 두면서 수시로 검진을 받아. 음식 재료를 직접 길러 먹는 것도 우선은 질병을 예방하기 위해서지. 일반 유통 식품은 믿을 수 없다고 생각하거든."

"병에 걸리면 병원 가서 치료하면 되지, 그렇게까지 예민하게 굴 필요가 있을까요? 한없이 살 수도 없을 텐데 말이에요."

갑자기 불로초를 소망했던 진시황이 떠올랐다.

"나도 그렇게 생각했는데 막상 그 입장이 되어 보니 나도 똑같이 행동하더라고. 돈이 어마어마하게 많으면 철학이 바뀌거든."

그는 말을 멈추더니 시계를 보았다. 5분 후에는 자리에서 일어서야 했지만 유람선을 타는 것보다 그의 이야기를 더 듣고 싶었다. 그가 계속 이야기했다.

"재산이 얼마인지 계산했는데 평생 펑펑 써도 다 못 쓸 돈이란 걸 알게 되면 그때부터 돈에 대한 철학이 바뀌는 거야. 몇 년 동안 그렇게 썼는데도 자산이 오히려 늘고 있는 경우가 많거든. 상상이 안 되겠지만 이때부터 돈이 돈 같지 않지. 이전까지는 돈을 벌기 위해 인생을 바쳤다면 그때부터는 내 인생을 위해 돈을 쓰면서 변화가 시작되는 거야. 그렇게 사는 인생은 정말 재미있어. 그 기분을 오랫동안 즐기고 싶고 말이야. 그러려면 오래 살아야 하는데 병이라도 걸리면 큰일이니 돈이 얼마가 들든지 건강을 위해 엄청난 돈을 쓰는 게지. 유명한 개인 주치의를 두면서 건강을 체크하고, 농작물과 가축도 최고의 조건에서 키워 최상의 영양소를 섭취하고 말이야. 나이는 칠십을 훌쩍 넘겼어도 몸은 항상 50대를 유지하게끔 하니까."

그도 50대처럼 젊어 보였다. 괜히 젊어 보이는 게 아니었다.

"건강은 건강할 때 지켜야지, 한 번 잃으면 아무리 돈을 써도 원 상태로 돌려놓기 힘들다는 걸 그들은 잘 알아. 그래서 건강을 잃기 전에 돈을 쓰는 거야."

돈이 엄청나게 많은 대기업 총수나 유명인도 병 때문에 일찍 죽는 것을 보면 쉽게 이해가 갔다.

"부자들은 이렇게 건강을 위해서 엄청난 돈을 쓰는데 보통 사람들은 어떨까? 건강을 잃더라도 돈만 벌 수 있다면 뭐든지 다 하려고 덤비지. 건강을 잃고 아무리 큰돈을 벌면 뭐하나. 병 치료하느라 다 써야 할 텐데. 인생을 잘못 살고 있는 게지."

그를 처음 만났을 때 부자가 되기 위해 가장 중요한 것이 체력이라고 했던 게 떠올랐다. 그의 말처럼 건강 관리는 항상 뒷전으로 미뤄지는 경우가 많았다.

"더 건강해지려고 돈을 쓰는 것도 어리석은 짓이야. 지금처럼 영양 과잉 시대에 무슨 놈의 영양제를 그리 많이 먹는지 몰라. 부자들은 건포도나 캐슈넛은 매일 먹어도 비타민제나 영양제는 먹지 않거든. 나도 먹어 본 적 없고 말이야."

얼핏 생각해 보니 우리 집 정수기 위에 놓인 영양제만 여섯 통이 넘었다.

"더 건강해지는 일보다 중요한 건 지금의 건강을 지키는 거야. 그러기 위해 부자들은 항상 몇 가지 원칙을 실천하지. 적정한 체중을 유지하기 위해 식단을 조절하고, 아침 식사는 신선한 야채와 목장에서 갓 나온 우유를 섭취하는 등의 원칙이 있어. 하루에 두 시간씩 운동하고, 술을 마시더라도 컨디션을 고려해 절제하지. 그들은 젊음과 건강을 유지하려는 습관이 몸에 배어 있거든."

이후로도 그가 들려준 부자들의 건강 관리법은 의외로 간단한 것이 많았다.

"부자가 되고 싶다면 부러워하지만 말고 그들의 생활 방식을 배울 필요가 있어. 그들이 제일 중요하게 생각하는 건 건강이니까 너도 이제부터 건강을 챙기는 몇 가지 원칙을 정해 놓고 습관이 될 때까지 실천을 해봐. 그래야 그들과 함께 어울릴 수 있을 테니까."

● ● ●

유람선 선착장에서 방송이 흘러나왔다. 서둘러 배를 타야 했다. 그는 조심스럽게 유람선에 올라 텅텅 빈 선내의 창가 쪽에 앉았다. 방금 들은 미국에서의 일화를 더 듣고 싶었다. 나는 그에게 계속 이야기해 달라고 했다.

"자선 파티에서 백만장자를 만나고부터 그쪽 사람들과 어울리게 되었지. 기부하는 모임에 갈 때마다 자연스럽게 친한 사람이 늘더라고. 얼떨결에 참석한 모임에서 10만 달러를 기부한 게 나를 알리는 좋은 기회로 작용한 거야. 소문이 금세 퍼져서 각계각층의 좋은 사람을 많이 사귀게 되었으니까. 미국이나 유럽에서는 자선 모임이 부자들의 사교 클럽으로 통하지. 어쩔 땐 서로 경쟁적으로 기부하면서 자산을 뽐내기도 하고 말이야. 그런 모임에 초대받았다는 것 자체만으로도 이미 인정받는 부자가 된 거야. 너도 나중에 그런 자리에 참석하게 되면 처음부터 아끼지 말고 기부를 해봐. 도저히 만날 수 없는 사람들까지 너를 찾아올 테니까."

"그런 날이 빨리 왔으면 소원이 없겠네요."

나는 피식 웃으면서 대답했다. 유람선은 출항을 알리는 뱃고동 소리를 내며 천천히 움직이기 시작했다. 사람들이 밖으로 몰려 나갔다. 텅 빈 선실에 그와 단둘이 남게 되었다.

"뉴욕에서 계속 3년간 사신 건가요?"

"뉴욕 도심에서 1년쯤 살다가 백만장자들이 모여 사는 롱아일랜드 동쪽 지역으로 이사를 했지. 가깝게 지내던 백만장자에게 집을 샀거든. 인근에 서너 채의 집을 보유한 사람이었는데 내게 집을 팔고 싶다고 하더라고. 그곳의 부자들은 집을 사고팔 때 아는 사람끼리 거래하는 경우가 대부분이야. 특히 마음에 드는 사람에게 자신의 집을 팔려고 하지. 집을 사고파는 방식도 무척 간단해. 공인중개사를 통하거나 법무사를 쓰지 않고 그 자리에서 가격을 적은 쪽지를 주고받으면서 거래를 하거든. 마음에 들면 바로 계약서를 쓰지. 얼마에 거래되었는지는 주변에 비밀로 하는 게 예의고 말이야."

"선생님 집도 엄청나게 큰 집이었겠습니다."

내 목소리 톤이 높아졌다. 나도 그런 집에서 살고 싶어졌다.

"벽돌로 지은 집이었는데 사람 손으로 일일이 다듬은 벽돌이라 무척 고급스럽고 주변 경관과도 잘 어울렸지. 아내가 아주 마음에 들어 했어. 이 집에 살면서부터 집사를 고용하고 가축과 야채도 직접 키워 먹기 시작했지. 물론 소개받은 주치의에게 건강검진도 받고 말이야."

갑자기 집의 가격이 궁금해졌다.

"그런 집은 얼마면 살 수 있나요?"

"당시 500만 달러 정도였으니까 우리나라 돈으로 50억 정도 되겠네."

인터넷에 소개된 부자들의 집은 대부분 수백억 원이 넘었던 것으로 기억났다.

"생각만큼 비싸지는 않네요."

"당시 500만 달러면 상당히 큰 돈이야. 지금은 많이 올랐거든."

"얼마 전 신문을 보니까 미국 부동산 가격이 많이 내렸다고 나오더라고요."

"그건 일반 사람들이 사는 집이고, 호화로운 대저택은 그런 영향을 거의 받지 않아. 백만장자끼리 거래하기 때문에 시세조차 알지 못하거든. 최근 금융권에서 부자들이 속출하면서 집값이 가파르게 올랐지. 그들은 점점 호화로운 집을 원하고, 돈이 얼마가 들든지 기꺼이 지불할 용의가 있거든. 내 동생이 그런 사람들에게 집을 팔면서 큰돈을 벌었고 말이야."

유람선이 한강대교를 빠져나가자 그는 밖으로 나가고 싶다고 했다. 2층에 있는 갑판으로 올라갔다. 한 쌍의 연인이 서로 사진을 찍어 주고 있었다. 난간에 서 있는 여자의 흰색 원피스와 노랗게 물들인 머리카락이 바람에 휘날렸는데 마치 촛불이 활활 타오르는 것 같았다.

"미국에서 부자들과 교류할 정도면 영어를 꽤 잘하셨나 봐요?"

"나도 영어 때문에 걱정을 많이 했는데 개인 교사에게 6개월 정도 배우니까 금방 늘었어. 우리 집에서 같이 살면서 하루 종일 영어를 배웠거든. 영어 공부 어렵게 할 것 없어. 선생 데려다 놓고 6개월만 함께 지내면서 공부해 봐. 금방 늘 테니까."

역시 돈이 많으면 안 되는 게 없나 보다.

"자녀 분들은 미국 생활에 만족하던가요?"

"내가 백만장자들과 어울리니까 아이들도 자연스럽게 그들의 자녀들과 어울렸지. 한번은 경제 캠프에 참석하게 했는데 부모에게 받은 유산을 어떻게 관리할지에 대해 무려 2박 3일 동안 배웠다는 거야. 난 물려줄 생각도 없었는데 말이야."

찬바람이 불어서인지 그는 손수건을 꺼내 큰 소리를 내며 코를 풀어댔다. 부자도 감기는 어쩔 수 없는 것 같았다. 그는 코를 훌쩍거리며 말을 계속했다.

"부자들이 건강 다음으로 돈을 쓰는 데가 바로 자식 교육이야. 학습은 물론 예절과 사람을 사귀는 방법까지 배움이 필요한 모든 것을 유명한 개인 교사를 붙여 가르치지. 그중에서 제일 중요하게 배우는 건 바로 '자산 관리'야. 부자들은 인생에서 가장 중요하게 관리해야 할 것으로 돈을 꼽거든."

그가 질문했다.

"부자들은 자산 관리가 제일 중요하다고 자식에게 가르치는데 왜 보통 사람들은 자산 관리에 대해 별로 신경을 안 쓸까? 네가 관련 일을 하니까 잘 알겠구먼."

"그야 관리할 돈이 없으니까 그런 게 아닐까요?"

그는 못마땅한 표정으로 혀를 찼다.

"관리할 돈이 없어서 그런 게 아니라 관리를 안 하니까 돈이 없는 거야. 똑같이 벌어도 누구는 집이 몇 채인데, 누구는 빚만 수억이잖아."

대꾸할 말이 없었다.

"부자들은 자산 관리를 어떻게 할 것 같은가?"

"그야 전문가들이 알아서 해주지 않나요?"

"그렇긴 하지만 전문가들도 믿지 못해. 대부분 최종 점검은 직접 꼼꼼히 챙기지. 월말이 되면 모든 청구서와 통장 내역 그리고 수입과 지출 현황을 엑셀로 정리한 장부를 매니저에게 보고받아. 전화비나 수도세까지 일일이 따지지는 않지만 매달 자산이 어떻게 변했는지는 민감하게 보지. 만약 자산이 줄었다면 전문가를 만나서 문제점을 찾고 다음달부터 통제를 하거든. 지난달보다 자산이 줄지 않는 것, 그게 부자들의 자산 관리의 전부인 게야."

우리는 '자산 관리' 하면 지출을 관리하고, 통장을 쪼개 이자를 더 받기 위한 재테크를 하고, 자녀를 위해 저축 통장을 만드는 등 무척 여러 가지를 생각한다. 하지만 부자들은 의외로 간단했다. 복잡할 것 없이 그저 줄지만 않으면 됐다.

"자식들에게 자산 관리 교육을 시킬 때에도 그 점을 항상 염두에 두지. 섣불리 불리려 하지 말고 있는 자산을 잘 지키라고 말이야. 미국이나 유럽은 어려서부터 자식들에게 자산 관리 교육을 철

지난달보다 자산이 줄지 않는 것!
이것이 부자들의 자산 관리의 전부다.

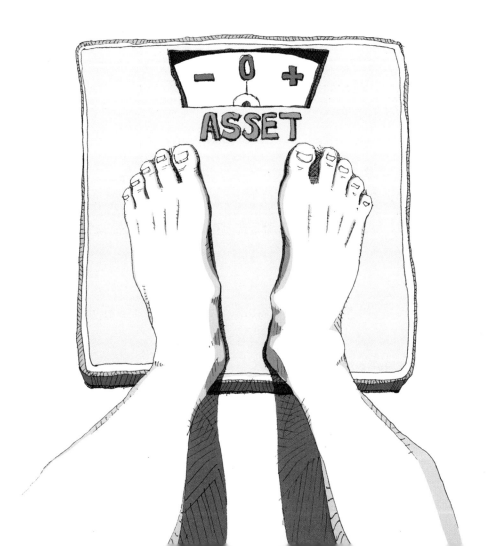

저히 시키는데 한국은 참 의외야. 오로지 공부만 시키거든. 그러니 어른이 돼서도 돈 관리가 안 되지. 돈을 암만 벌면 뭐하나. 관리가 안 돼서 빚만 늘고 있는데. 그런 젊은이들을 보면 안타까워."

나도 왠지 마음이 쓸쓸했다.

● ● ●

그는 말을 멈추고 갑판 위를 이리저리 돌아다녔다. 마치 배를 처음 타 보는 소년 같았다.

"배를 좋아하시나 봐요?"

"좋아한다기보다는 한 번은 꼭 타 보고 싶었어."

그는 한강 유람선은 처음 타 보는 것이라 했다.

"여의도에서 10년을 넘게 있었으면서 바라만 봤지, 한 번을 못 탔어. 성공하면 제일 먼저 애들을 데리고 이 배를 타겠다고 약속했는데……. 멀리서 보면 이 배를 탄 사람들이 그렇게 행복해 보이더라고."

그는 저 멀리 보이는 여의도를 한참 동안 바라보았다. 반대 방향에서 작은 요트 한 대가 지나가고 있었다.

"저런 요트 타 봤나?"

당연히 타 본 적이 없다고 했다. 그는 요트 이야기를 해주었다.

"지금까지 요트를 세 번 바꿨는데 지금 요트가 아주 마음에 들어. 친구들과 파티를 할 수 있을 만큼 크기도 적당하거든. 넓은 야외 스파에 침실이 네 개나 있지."

그 정도라면 길이가 최소한 20미터는 넘겠다는 생각이 들었다.

"내가 사는 지중해에서는 요트로도 부를 평가하지. 얼마나 큰 요트를 소유했느냐에 따라 자산의 규모를 파악하거든. 한때 미국에서는 개인용 비행기를 두고 부를 판단했는데 공항에 비행기들이 넘쳐나자 지금은 줄이는 추세야. 전세 비행기를 임대하는 것이 훨씬 저렴하고 효율적이지. 요트도 매년 15만 달러만 내면 회원제 요트를 사용할 수 있지만 나처럼 해안에 사는 사람들은 집 다음으로 요트에 애착이 가서 회원제보다는 소유하는 걸 더 좋아해."

나도 부자가 된다면 제일 먼저 요트부터 사야겠다고 결심했다. 멋진 요트를 타고 에메랄드빛 바다를 누빈다! 상상만으로도 마음이 설렜다.

"한때 요트를 두고 세계 부호들끼리 경쟁을 했어. 누가 500피트가 넘는 요트를 소유할 것이냐가 언론과 부자들의 주된 관심사였거든. 결국 두바이의 지도자와 러시아의 석유 재벌이 각각 소유하면서 세상에 알려졌는데, 러시아 석유 재벌이 조금 더 큰 요트를

부자도 부자에게 사는 법을 배운다

가져서 세계에서 가장 큰 요트를 차지한 자가 되었지. 그는 요트를 만드는 과정을 비밀로 했을 정도로 과시욕이 강한 사람이었어."

500피트면 150미터가 넘는 크기이고, 지금 타고 있는 한강 유람선보다 두세 배는 더 큰 대형 요트였다.

"그런 요트라면 유지하는 데에도 돈이 엄청나게 들겠는데요?"

"그렇지. 제작비보다 유지비가 더 들지. 요트 안에 수영장과 농구 코트는 물론 개인용 잠수함과 헬리콥터까지 있으니 유지비가 가히 천문학적이지. 아무 곳에나 정박할 수도 없고."

그의 말을 들으니 방금 전 지나간 작은 요트가 초라해 보였다.

"내가 사는 집 근처에도 꽤나 큰 요트를 보유한 부자가 있었지. 대만에서 온 젊은 사람이었어. 결국 3년도 못 돼 망해 나갔지만."

왜 갑자기 망했는지 물었다.

"갓 부자가 된 사람들은 공통적인 특징이 있어. 바로 주체할 수 없는 과시욕이야. 자기보다 더 큰 부자들을 따라가기 위해 씀씀이를 늘리거든. 돈을 빌려서까지 과시욕을 채우다 결국 감당하지 못하고 파산하는 게지. 대만 부자도 마찬가지였어. 정보통신 회사를 차려서 큰돈을 벌었는데 지중해에 휴가를 왔다가 정착하게 된 거야. 그 일대에서 자신이 제일 큰 부자로 알려지고 싶었나 봐. 뭐든지 제일 크고 화려한 것만 원했거든. 엄청난 돈을 들여 집을 개조

하고, 해외에 나갈 때면 늘 개인용 비행기를 임대해서 탔어. 1년에 한 번 꼴로 요트도 바꿨지. 그러다 회사 실적이 떨어지면서 보유한 주식도 떨어졌고, 결국 빚을 갚지 못하고 파산했지."

"갑자기 많은 돈이 들어오면 과시하려는 욕구를 참기가 어려워지나 봐요."

"누구나 그런 욕구에 빠져드는 건 사실이야. 하지만 적당히 해야지. 내가 미국을 떠나 이곳에 온 것도 자기를 과시하려는 사람들에게서 벗어나고 싶어서였어. 미국이라는 나라에서는 워낙 큰 자본이 움직이다 보니 하루에도 수십 명의 부자가 새로 생겨나고 파산하기를 반복하거든. 새롭게 부자가 된 사람들은 돈을 못 써서 안달이지. 나도 그들과 어울리다가는 같이 파산할 것 같아서 이곳으로 온 거야."

"지중해 부자들은 과시욕이 없나 봅니다."

"다 그렇진 않지만 대부분 절제하면서 살아. 거기서는 남에게 돈 자랑하는 걸 추태로 보거든. 나보다 돈이 더 많은 부자들도 소박한 옷을 입고 작은 호텔에서 식사를 하지."

"선생님도 부자가 됐을 때 절제가 되시던가요?"

"나는 워낙 없이 살아서인지 지금까지 돈을 펑펑 써 본 적이 없었던 것 같아. 보다시피 평범한 셔츠에 편안한 바지를 입고 있잖

아. 사람을 만나더라도 동네 식당이나 커피숍에서 만나지. 난 평범한 사람들과 어울리는 것이 좋아. 그들에게는 뭔가 특별한 활기가 있거든. 집 근처에 가족 호텔이 있는데 가끔 그곳에서 아침 식사를 하곤 하지. 집에서 차린 음식이 훨씬 맛있고 고급스럽지만 그곳의 분위기가 좋아서 가는 거야. 그곳에 놀러 온 가족들에게는 여행을 와서 호텔에서 식사한다는 사실이 무척 신선하고 기분 좋은 일이거든. 그 사람들을 바라보기만 해도 활력이 솟는 것 같아."

"저도 부자가 되면 지중해에서 살아야겠습니다."

"그거 좋지!"

그가 껄껄 웃었다.

"지금은 과거 어느 때보다도 빨리 부자가 될 수 있는 세상이야. 누구나 좋은 아이디어만 있다면 큰돈을 벌 수 있거든. 부자가 되겠다는 욕망을 막연하게 품기보다는 기회를 잡으려고 노력하는 게 더 빠를 거야."

그의 주변 부자들은 어떻게 해서 부자가 되었는지 궁금했다.

"주변의 부자들은 어떻게 해서 부자가 되었나요? 부모를 잘 만난 사람들인가요?"

"그렇지 않아. 부모를 잘 만났거나 유명인이 돼서 부자가 된 사람은 열 명 중 한 명도 안 돼. 대부분 돈이 넘쳐나는 세상에 발을

담갔다가 큰돈을 벌어들였지. 나 역시 주식 시장이 한창 번성할 때 돈을 벌었고 말이야. 세상의 돈은 변화를 따라가거든. 변화의 흐름을 미리 알고 회사를 세운 뒤에 그 회사를 비싼 가격에 파는 거야. 그런 식으로 부자가 된 사람이 대부분이지."

"그렇게 부자가 되기 위해서는 신문이나 뉴스를 많이 접해야겠네요."

당시 나는 경제 신문 두 개와 일간지 두 개 그리고 주간지와 월간지까지 구독하고 있었다.

"그렇지 않아. 그런 것은 헤드라인 정도만 읽고 말지. 사건 사고가 대부분이라 읽어 봤자 기분만 상하거든. 언론은 세상의 변화를 미리 알려 주기보다는 이미 변한 사실만 보도하니 늦은 거야. 그래서 신문보다는 책을 읽는 편이 낫지. 내 주변에도 책을 끼고 사는 사람들이 많고."

9시 뉴스는 어떤 일이 있어도 빼먹지 않고 보셨던 형님이 기억났다. 수십 년이 흘러도 삶이 그대로인 걸 보면 별 도움이 안 된다는 그의 말이 맞는 것도 같았다.

한 시간 정도 지나자 배는 다시 여의도 선착장에 도착했다. 배에서 내리면서 그가 한마디 했다.

"사과 하나를 먹더라도 제일 비싼 걸로 한 개만 먹을 줄 알아야

해. 싼 걸로 여러 개 먹을 생각 말고."

이날 들은 부자들의 삶 이야기는 빨리 부자가 돼서 그들처럼 누리며 살고 싶은 열망을 한가득 안겨 주었다.

• • •

일주일 후, 그는 지중해로 떠났다. 여의도 한복판에 있는 사무실을 계약하고 함께 일할 직원까지 모두 결정했다. 그가 돈이 많아서인지, 아니면 주변에 좋은 사람이 많은 건지, 그가 국내에 회사를 차린다는 소문을 듣고 함께 일하고 싶다며 사람들이 물밀듯이 몰려왔다. 혹시나 하는 마음으로 나도 그 자리에 있었으나 그의 눈에서 한참 벗어나 있었다. 당시 채용한 사람 중 딱 한 명을 제외하고 모두 지금까지 그의 곁을 지키고 있다.

그는 말한다. 다 돈의 힘이라고.

큰 부자들의 인생 철학

큰 부자들의 삶을 들여다보면 몇 가지 중요한 특징들이 보인다.

건강을 지키는 게 우선이다

부자들은 지독할 만큼 건강 관리에 철저하다. 세상에 건강만큼 중요한 것은 없다고 생각한다. 그들은 건강 관리를 위해 거창하게 행동하기보다는 단순하고 일상적인 원칙 몇 가지를 정해 놓고 지킨다. 가령, 먹는 양을 정해 두거나 저녁에 테니스를 치거나 아침에 견과류를 먹는 등의 원칙을 정하고 철저히 지켜 나간다.

자식 교육에서 가장 중요한 것은 자산 관리다

자본주의 사회에서 돈은 세상을 움직이는 힘이다. 잘못 키운 힘은 한순간에 파산으로 이어질 수 있다는 걸 알기에 부자들은 어려서 부터 자녀들에게 올바른 자산 관리법을 철저히 가르친다. 부를 물려받은 자녀들은 수백 년이 흘러도 끄떡없는 자산 관리 체계를 구축해 간다.

과시욕을 부리지 않는다

이제 막 부자가 된 새내기 부자들은 주체할 수 없을 정도로 돈을 쓰며 자신의 부를 과시하기 바쁘다. 결국 그들은 파산을 하며 새로운 부자에게 그 자리를 내준다. 절제할 줄 아는 부자들은 스스로 평범한 사람이라고 여기며 평범한 다른 사람들과 함께 지내는 걸 좋아한다.

신문이나 뉴스보다는 책을 읽는다

평범한 사람들은 단기간의 이슈에 민감하게 반응하고 열광하지만 부자들은 역사와 철학, 미래에 더 관심 있어 한다. 풍족한 인생을 위해 꼭 배워야 하는 것임을 알기 때문이다.

영양제를 멀리한다

가공 영양제는 몸을 맹신하게 만든다. 불량식품을 실컷 먹고도 비타민제를 먹었으니 괜찮다고 생각하는 식이다. 부자들은 자연에서 건강을 찾는다. 적게 먹고 운동하면서 항상 적절한 영양과 체력을 유지하려고 신경을 쓴다.

어디를 가든 부부가 함께 다닌다

부자들은 고독을 즐기지만 외로움은 싫어한다. 식사를 할 때에도 여행을 갈 때에도 항상 부부가 함께 다닌다. 작은 현안에 대해서도 대화를 나누며 답을 찾아간다. 세상에서 가장 훌륭한 멘토는 배우자라고 손꼽는다.

비싼 음식을 조금 먹는다

부자는 싼값에 많이 주는 사과를 사기보다는 한 개에 만 원 하는 사과를 사서 맛있게 먹는다. 음식은 비쌀수록 제값을 한다. 많이 먹기보다는 좋은 음식을 적게 먹는 것이 당연히 건강에 더 좋다.

무모할 것 같은 일에
승부수를 띄워라

"인생을 바꾸려면 무모함에서 나오는 용기가 필요하지.
잘될 것 같은 일에 뛰어드는 건 남들도 다 하잖아.
무모하다 싶은 일에 승부를 걸고 끝까지 버텨 봐.
그때부터 인생은 바뀌는 거니까."

지중해 부자는 한국 법인을 세운 뒤에 수시로 한국에 들어왔다. 다행히 올 때마다 연락을 해서 우리의 만남은 지속될 수 있었다. 인사동 한정식 집에서 막걸리를 마시거나 행주산성을 산책하기도 했다. 그때마다 그가 살아온 삶을 들려주었다. 지금부터 지중해 부자의 인생 이야기를 전한다.

· · ·

목수였던 그의 아버지는 전국을 다니며 일했다. 온전한 집 한 채를 짓고부터는 집을 지어 팔기 시작했는데 팔리지 않으면 그곳에서 몇 년이고 팔릴 때까지 살았다. 그는 아버지가 집을 지을 때 옆에서 연장을 챙겨 주고 가끔 못질도 하면서 자연스럽게 집 짓는 법을 배웠다. 그 재주로 군대에서는 막사를 짓고 수리하는 일을 도맡아 했다.

원래는 요리사가 되고 싶었는데 막상 사회에 나오니 요리사 자리를 구하는 게 쉽지 않았다. 시골에서 올라와 딱히 할 게 없는 사람들, 그런 사람들이 차지한 곳이 바로 주방이었기 때문이다. 어쩔 수 없이 아버지를 따라 건축 일을 했고, 얼마 지나지 않아 번듯한 건설회사 사장님이 되었다.

경기도 수원에 회사를 세우고 집을 지어 팔기 시작했다. 빨간 벽돌로 집을 감싸고 초록색 지붕을 얹으면 제법 그럴싸한 집이 만들어졌다. 당시에는 흔치 않았던 샤시 창문을 달고 수입 원목으로 거실을 꾸미면 보는 사람마다 부잣집 같다며 반응이 좋았고 집은 쉽게 팔려 나갔다.

"1,000만 원을 들이면 적어도 2,000만 원에는 팔 수 있었어. 곱을 남기는 장사였으니 수입이 꽤 괜찮았지."

그가 제법 큰돈을 벌었을 때 어느 날 아버지 친구 분이 오셨다. 검은색 고급 승용차를 타고 온 그분은 지방에 빌라를 지어 꽤 많은 수입을 냈다고 했다. 지금은 빌라가 대세이니 단독주택보다는 빌라를 지어서 팔라고 권했다. 4층을 지으면 한 층에 2세대씩 총 8세대, 집 한 채 지을 땅에 8채를 지을 수 있으니 이윤이야 말할 것도 없었다. 그는 그때 막 지으려고 했던 단독주택 허가를 변경해 이때부터 공동주택 사업을 본격적으로 하기 시작했다.

수원은 안양 못지않게 집 장사 하기에 좋은 곳이었다. 지방에서 올라와 서울에 직장을 구했지만 집값이 비싸 엄두를 못 내는 사람들, 그 사람들이 찾는 지역이 성남과 안양, 광명 그리고 수원 정도였다. 지하철 특수 때문에 수원과 안양은 특히 인기가 좋았다.

"빌라를 짓고 현수막을 크게 붙여 놓으면 금세 팔려 나갔지. 지금이야 아파트가 대세지만, 그때는 강남이나 여의도에 가야 드문드문 볼 수 있었거든. 오래된 단독주택에서 연탄을 때며 살던 사람들이 편리한 기름보일러와 수세식 화장실, 게다가 스테인리스 싱크대를 보면 계약하는 건 시간 문제였지."

빌라 두 채를 성공적으로 분양한 후, 이번에는 아버지의 친구와 대전 도심에 대단위 빌라 단지를 건설하기로 했다. 8개의 건물에 48채의 집이 들어서는 꽤 큰 규모의 단지였다. 공사 초기에 부족한 자금은 땅을 담보로 주변 사람들에게 빌렸다. 은행이 있었지만 당시에는 돈을 빌려 주는 곳이 아니라 개인과 자영업자가 돈을 저축하는 곳에 불과했다.

무모할 것 같은 일에 승부수를 띄워라

어느 정도 건물이 완성됐을 때 밀린 건축 자재비와 인건비를 지불할 수 없게 되어 살던 집을 팔았다. 돈이 더 필요하자 2부 이자를 약속하고 주변 사람들에게 돈을 더 빌려 왔다. 그의 아버지와 친구도 틈틈이 돈을 빌려와 자금을 보탰다. 빌라는 완성되었고 현수막을 걸어 분양을 시작했다. 빚은 많았지만 절반만 팔려도 충분히 갚을 수 있는 상황이었다. 이번 분양만 마치면 서울에 회사도 차릴 계획이었다. 하지만 이때부터 문제가 생기기 시작했다.

"그동안 가만히 지켜보던 옆집 사람들이 어느 날 소송장을 들고 찾아왔더라고. 보통 공사를 하면 시끄럽다거나 먼지가 난다면서 공사를 못 하게 막기도 하는데 이상하게 조용하게 놔둔다 싶었지. 이야기를 들어보니 측량이 잘못되어 자기네 땅으로 빌라가 침범했다는 거야. 무슨 말도 안 되는 소리냐며 다시 측량을 해보니까 그 말이 맞더라고. 그 사람들은 진작 알았으면서도 나중까지 기다린 게지."

"얼마나 침범했는데요?"

"8개 동 빌라 중 8채, 빌라 왼쪽 부분이 전부 침범을 했더라고. 일직선으로 단지를 만들었으니 제일 앞쪽이 침범했으면 당연히 뒤쪽도 침범한 셈이지. 무려 80평가량을 남의 땅에다 집을 지어 버린 거야."

"그들은 뭐라고 하던가요? 돈을 달라고 요구했을 것 같은데요."

"다짜고짜 침범한 만큼 빌라를 부수라고 했지. 건축법상 남의 땅에 집을 지으면 그만큼의 땅을 사든지, 아니면 침범한 만큼 철거해야 하거든. 근데 땅값을 아무리 후하게 주겠다고 해도 막무가내로 철거하라는 거야."

옆집 사람들은 자신들이 살고 있는 1층짜리 주택 바로 옆에 높은 빌라가 들어선 게 당연히 좋을 게 없었다. 햇볕과 전망을 가리고 집 안까지 훤히 들여다보이니 곱게 볼 리 없었다.

"어쩌면 빌라가 침범한 걸 알았을 때 쾌재를 불렀을지도 몰라."

결국 빌라를 그들에게 팔았다. 철거한다 해도 그 비용이 어마어마하기 때문에 팔 수밖에 없었다. 엄청난 손해를 감수하고 그들이 원하는 가격에 팔아 버렸다. 그의 아버지는 이 일로 몇 년 동안 술만 마시다가 돌아가셨고, 아버지 친구는 연락을 끊고 잠적했다. 모든 빚은 그가 고스란히 떠맡게 되었다.

"측량을 한 설계사무소의 책임 아닌가요?"

"따지려고 찾아갔더니 이미 폐업하고 없어졌더라고. 구청에서 허가를 내준 담당 공무원을 찾아가 소송을 걸겠다며 협박까지 해봤는데 눈 하나 깜짝 안 해. 지금이야 민원을 무서워하지만 그때는 공무원이 갑 중에서도 슈퍼 갑이었거든. 함부로 말도 못 했지."

둘째 아이가 세 살을 갓 넘긴, 행복한 시기에 일어난 일이었다.

그와 가족은 서울 가양동 판자촌으로 들어갔다. 그 일대에 건축 일이 많아 목수로 일을 다시 시작했고, 멀리 갈 것 없이 근처 판자 촌에 정착한 것이다. 빚만 가득 진 채 온전하게 살 수 있는 곳은 그 곳밖에 없었다.

항상 새 집에서 살던 아내와 아이들은 잘 적응하지 못했다. 공동 화장실을 쓰고 멀리 있는 수돗가에서 물을 길어다 먹었다. 밤만 되면 싸우는 소리, 애 우는 소리, 거기에 누군가의 비명 소리까지 수시로 들려왔다.

"그 동네에 뭘 가지고 갈 게 있다고 허구한 날 도둑이 들었지."

아내는 근처 식당에서 일했고 아이들은 방치되었다. 어느 날 아 내가 건설 쪽 일을 그만두고 요리를 배워 주방장 일을 해보라고 했 다. 지금보다 서너 배는 더 벌 거라면서 적극적으로 권했다.

"요리사는 젊은 시절부터 꿈꿔 온 일이고 지금 시작해도 늦지 않을 것 같더라고. 아내가 일하던 기사식당에 주방보조 자리가 나 서 취직을 했지."

이분과 요리사는 어쩐지 어울리지 않아 보였다.

"요리를 배우면서 주방장한테 얼마나 맞았는지 몰라. 말로 가르 쳐 주면 될 것을 꼭 때리면서 가르치더라고. 다행히 2년이 넘었을 때 주방장이 그만둬서 내가 주방을 맡게 되었지. 3년이 넘어서는 그 식당을 인수해 버렸어. 주인이 갑자기 식당을 내놓았거든."

"판자촌에 사시면서도 식당을 인수할 자금을 모으셨네요."

"무슨! 빌려서 자금을 마련했지. 그때까지 빌린 돈의 이자를 미룬 적은 없었거든. 그래서인지 식당을 차리고 싶다고 찾아갔더니 선뜻 돈을 더 빌려 주더라고. 얼른 성공해서 갚으라면서 말이야."

몇 달이 지나자 인수한 식당의 주인이었던 사람이 건너편에 더 크고 깨끗한 식당을 차렸다. 그에게 요리를 가르쳐 준 주방장까지 합세했다. 세차하는 직원을 고용해 식사하러 오는 손님에게 세차를 서비스로 해주었다. 그곳은 하루 종일 택시 기사들로 북적거렸고, 그는 멀뚱히 서서 남의 장사가 잘되는 꼴을 바라만 봐야 했다. 그렇게 1년이 못 되어 식당 문을 닫았다.

그 후 건설 공사장 인근에 무허가 건물을 지어 놓고 인부들을 상대로 술을 팔며 밥 장사를 했지만 그것도 잠깐이었다. 초반에는 제법 장사가 잘됐다. 하지만 민원 신고를 받은 구청 직원들이 단숨에 헐어 버렸고, 함바집 주인에게 한참을 두들겨 맞았다. 다시는 얼씬대지 말라고 말이다.

다시 목수 일을 시작했다. 수입은 줄고 버는 돈의 대부분은 늘어난 이자를 갚는 데 써야 했다. 판자촌은 당연히 벗어나지 못했다.

"그래도 그때는 왜 그렇게 이자 갚는 데 목숨을 걸었는지 몰라. 그냥 남들처럼 모른 척 숨어 살아도 됐을 텐데 말이야."

그렇게 살던 중 날벼락이 떨어졌다. 서울시에서 새로운 정책을 발표했다. 가양동을 재개발 지역으로 확정하면서 그 일대의 판자촌을 쓸어버리고 공용아파트를 짓겠다는 것이다. 그는 가족들을 데리고 강제로 쫓겨나야 했다. 짐 보따리 몇 개를 들고 찾아간 곳은 광명 안양천 근처의 판자촌이었다. 그래도 가양동과 비슷한 환경이라 가족 모두 쉽게 적응했다.

그해 여름, 광명 안양천이 범람했다. 그곳에 빈집이 여러 채 남아 있던 이유도 지난해에 발생한 수해로 많은 사람이 떠났기 때문이었다. 그러려니 했지만 막상 수해를 입어 보니 남아 있는 사람들이 이상하게 보일 정도로 삶이 고통스러웠다. 두 번째 수해를 당했을 때에는 작은애가 크게 다쳤다. 더는 이곳에서 살 수 없다는 생각에 떠나기로 했다. 아내는 식당에서 살고 아이들은 성남에 있는 처형 집으로 보냈다. 식구들은 아주 가끔 종로 2가의 돼지갈비 식당에서 만나는 게 전부였다.

"왜 항상 종로 2가에서 만난 건가요?"

"나에게 요리를 가르쳐 준 주방장이 그곳에 식당을 차렸거든. 개업식을 앞두고 찾아왔어. 자기 때문에 내가 가게 문을 닫은 것 같다고 몇 번을 사과하더라고. 나를 그렇게 때릴 때에는 참 무서웠는데 알고 보니 착한 사람이었지."

개업식 때 가족을 데리고 찾아가자 무척이나 푸짐하게 대접을 받았다. 적은 돈으로 배불리 고기를 먹을 수 있는 곳은 그곳밖에 없었기에 항상 그 식당에 갔다.

"그 양반이 돈 벌어서 그 건물 샀잖아. 그걸 내가 다시 산 거고. 가격도 후하게 쳐주었지."

큰아들의 중학교 입학 기념으로 만난 자리에서 자살 소동을 벌인 후, 그는 새로운 결심을 했다.

"당시 나처럼 돈 없는 사람이 큰돈을 벌 수 있는 유일한 방법은 주식밖에 없었어. 그래서 주식에 모든 것을 걸기로 했지."

그는 현재의 삶을 바꾸기를 간절히 원했고 노력도 했다. 하지만 가는 곳마다 한계에 부딪히며 더 깊은 곳으로 추락해야 했다. 결국 남들처럼 큰돈을 벌 거라 기대하고 주식 투자에 뛰어들었다.

"인생을 바꾸려면 용기가 필요한데 그 용기는 무모함에서 나오는 거야. 다 잘될 것 같은 일에 뛰어드는 건 용기가 아니지. 그런 건 남들도 다 하니까. 무모할 것 같은 일에 승부를 걸어 봐. 끝까지 버티기만 하면 그때부터 인생은 바뀌는 거야."

주식을 하려면
'욕심'의 정의부터 내려라

"만 원에 산 주식이 2만 원까지 갈 거라 예상했다면

2만 원까지 기다리는 건 욕심이다.

2할이 적은 만 6천 원에 파는 것이 욕심을 버리는 것이다."

숨이 막힐 정도로 더운 어느 여름날, 여의도에 있는 그의 한국
법인 사무실에서 그를 만났다. 당시 나는 보험 일을 그만두고 대출
과 펀드 관련 일을 하고 있었다. 그의 사무실 풍경은 마치 보안업
체 상황실을 보는 것 같았다. 중앙에 놓인 책상에는 모니터 수십
대가 빈틈없이 놓여 있었고, 직원들은 주식 시세를 바라보느라 눈
을 떼지 못하고 있었다. 직원 한 명당 족히 다섯 대의 모니터를 바
라보고 있었다.

창가 쪽에 있는 회의실에서 그와 마주 앉았다. 다들 바쁘게 일
하는 것 같아서 좋아 보인다고 했다. 그는 투명 창 너머로 직원들
을 바라보며 이야기했다.

"예전 같지 않아. 저렇게 매달려도 겨우 본전하기 바빠."

"예전에는 좋았나 봅니다."

그는 내게 처음 주식을 시작했을 때의 일을 자세히 들려주었다.

● ○ ●

국내 주식 시장은 1980년대 후반부터 폭발적으로 성장했다. 1986년 100포인트대였던 종합주가지수가 1989년 4월 1일 1,000 포인트를 기록했으니 불과 4년 만에 10배 가까이 성장한 것이다. 특히 건설사 주식은 사기만 하면 오르는 주식으로 통했다. 현대건설, 우성건설, 벽산건설……. 대부분 정부에서 발주하는 도로, 지하철 등의 굵직한 공사를 따냈다는 소문만 돌면 주가는 끝 모를 정도로 치솟아올랐다. 게다가 대단위 아파트 공사가 많아지면서 국내 건설 역사상 최고의 호황기를 맞았다. 여기저기서 주식 부자들이 배출됐다. 그가 일하던 건설사의 소장이 그랬고 그 밑에서 일하던 과장, 대리, 사원들까지 두루두루 주식으로 돈을 벌었다.

"비 오는 날이면 공사장은 쉬잖아. 비가 억수로 쏟아지던 날에 영등포에 있는 증권사를 찾아갔지. 태어나서 처음으로 증권 계좌라는 것을 만들었고, 꼬깃꼬깃 담아 간 뭉칫돈 50만 원을 직원에게 건넸지. 그게 내 주식 투자의 시작이었어."

50만 원을 가지고 지금의 자산으로 불렸으면 대체 수익을 얼마나 낸 건지 상상이 가지 않았다.

"증권 계좌도 만들고 돈도 있었는데 도무지 살 게 있어야지. 창구 직원이 '어떤 회사 주식을 살까요?'라고 묻는데 할 말이 없더라고. 뭘 알아야 사고 말고를 결정하지."

지금은 증권사의 HTS로 집에서도 쉽게 온라인 주식 거래를 하지만 당시에는 증권사를 방문해서 서면으로 주식을 사고팔아야 했다. 그는 쉬는 날이면 어김없이 증권사에 들렀다. 증권사에 가면 주식 시세를 확인할 수 있는 커다란 증시 시세판이 있었고, 그 앞에 많은 사람이 앉아서 주가를 쳐다보고 있었다. 지금은 시세판이 축소되거나 없어졌지만 당시 증권사의 시세판은 실시간으로 주가를 확인할 수 있는 유일한 곳이었다.

"나도 그냥 앉아 있었어. 재미있더라고. 알지도 못하는 회사의 주가가 상승해서 빨간 불이 들어오면 나도 모르게 기분이 좋았지. 반대로 하락해서 파란 불이 들어오면 안타깝기도 했고 말이야."

그렇게 쉬는 날만 되면 증권사를 찾아갔다. 증권사의 문이 열릴 때부터 닫힐 때까지 점심 먹는 것도 잊은 채 죽치고 앉아 있었다. 객장에 있다 보면 재미있는 풍경도 볼 수 있었다.

"저 주식을 샀어야 했는데 또 올라가네……."

옆자리에 앉은 노인이 말했다. 며칠째 오르고 있는 주식을 보며 연신 혀를 찼다.

"여태껏 떨어져서 팔았더니 이제야 올라가네."

뒷자리에 앉은 한 여자가 쑥덕거렸다.

"거봐! 내가 사라고 했잖아!"

점심 시간에 들른 젊은 사람 두 명이 시세판을 보고 소리쳤다.

이런 사람들의 이야기를 듣는 게 재미있었고, 들어야 했다. 이야기를 듣다 보면 주식에 대해 좀 아는 사람이 되어 가는 것 같았다. 그때는 주식 투자 관련 책도 별로 없었고 주식을 배울 수 있는 교육 과정도 없던 시절이라 오로지 객장에서 들으면서 배워 나가야 했다. 그러던 와중에 그도 처음으로 주식을 샀다. 항상 객장에 나오던 노인과 친분이 생겨 저녁 때 순댓국을 먹었는데 밥값을 계산하니 다음날 이 종목은 꼭 사 보라며 추천한 주식이었다.

"그때 많이 버셨어요?"

"50만 원을 석 달도 안 돼서 다 잃었어. 남들이 이야기하는 종목을 조금씩 사 봤는데 한두 개 빼고는 다 손해가 나더라고. 주가가 한참 오른 후에 좋다고 소문이 난 종목이었거든. 차라리 그 돈으로 애들 고기나 실컷 사 줄 걸 하고 얼마나 후회했는지 몰라. 50만 원

지중해 부자

이면 꽤 큰돈이었으니까."

그가 주식을 시작한 1990년대 초는 주가 하락으로 많은 사람이 위험에 빠진 시기였다. 1986년부터 시작된 주가 상승은 '주식은 사기만 하면 오르는 것'이라는 환상을 심어 주었고, 이런 환상에 젖어 무리하게 주식에 뛰어든 사람들이 주가 하락으로 자살까지 하는 사고가 발생하기도 했다.

"넌 기억조차 안 나겠지만, 당시 상업은행 지점장이 자살한 소식은 주식 시장에 상당한 충격을 주었지."

나는 그 일을 자세히 알려 달라고 했다.

1992년 11월 15일 새벽 1시경, 서울 송파구의 한 아파트 보도 블록에서 한 남자가 손목을 끊고 자살한 사건이 발생했다. 신원 확인 결과 상업은행 명동 지점장 이 모 씨로 밝혀졌는데, 그의 양복 주머니에서 미안하다는 유서와 100억, 50억짜리 약속어음이 발견되면서 세간의 관심을 모았다. 이 지점장은 은행에서 횡령한 거액의 자금으로 1988년부터 수백억대의 주식 거래를 해왔고, 1989년 이후 주가가 폭락하자 엄청난 손해를 입었다. 횡령한 자금에 대해 압박이 닥치자 막을 길이 없어 자살한 것으로 전해졌다.

"그 사건으로 상업은행뿐만 아니라 금융권 회사들 대부분의 주가가 폭락했지."

"지점장이 자살한 게 주가 폭락의 이유가 되나요? 은행장도 아니고요."

"당시 명동은 금융의 중심이었어. 사채업자를 비롯한 큰손들이 죄다 명동에서 거래를 했으니까. 어떤 은행이든 명동 지점장이라면 제일 잘나가는 사람이었고, 그런 사람이 거액의 자금을 횡령했다면 당연히 주가를 흔들 만했지."

1990년대에는 이 지점장의 사건 외에도 20여 건의 굵직한 자살 사건이 있었다. 모두 주식 호황기 때 무리하게 투자했다가 실패한 탓에 벌어진 일이었다. 이처럼 1990년대는 주식 시장이 성숙기로 들어서는 격동의 시절이었다.

"주식 투자로 자살했다는 뉴스가 자꾸 나오니까 겁이 나더라고. 50만 원을 잃고 나서 그 돈을 찾으려고 주변 사람들한테 돈을 꾸러 다닐 때였는데 잠시 주식을 멀리하기로 했지."

"그럼 언제부터 주식 투자를 다시 시작하셨어요?"

"식당에서 건설회사 직원들이 하는 대화를 들었을 때부터야."

그가 들은 내용은 조만간 국내 증시를 외국인에게 개방한다는 것과 그렇게 될 경우 어마어마한 자금으로 인해 국내 증시가 폭등할 거란 이야기였다. 다들 지금 빨리 주식을 사야 한다고 쑥덕거렸다. 그는 아내를 찾아갔다.

"돈 좀 달라고 했지. 주식에 대해서도 말하고 말이야. 아내는 애들 과자 값도 없다며 방방 뛰더라고."

당시 주식 투자는 일반인에게는 망하는 지름길이라고 알려져 있었고, 돈을 버는 사람은 돈 많은 몇 사람에 한정되던 시기였다.

"주식은 사야겠는데 돈도 없고 실력도 없고……. 뭐 방법이 있어야지."

몇 개월간 주식 시세판만 쳐다보며 지냈다. 그동안 모아 둔 쌈짓돈이 있었지만 선뜻 주식을 사지는 못했다.

"남들이 투자하는 걸 보면서 깨달은 게 있었어. 주식이란 게 정보만 들어서도 안 되고, 회사의 성장성이나 미래를 보고 투자해도 안 된다는 거야. 시간이 너무 오래 걸리거든. 결국 나처럼 단기적으로 매매하는 사람은 운에 맡기는 수밖에 없겠더라고. 재수 좋으면 오르고 재수 없으면 내리고 말이야. 뭔가 확실한 것이 있어야겠다는 생각을 했지. 조급하게 투자할 게 아니라 차라리 그 돈으로 주식 시장이 어떻게 돌아가는지 배워야겠더라고. 그래서 그때부터 증권사 직원을 찾아갔지."

그는 돈을 모아 증권사 직원과 식사를 하고 술을 마셨다. 집에 갈 때면 약간의 용돈과 택시비까지 건네주며 친분을 쌓기 위해 애를 썼다. 그렇게 증권사 직원 여럿과 친하게 지내던 중 '큰손'이라는 세력의 이야기를 듣게 되었다.

"1990년대 중반까지만 해도 경제 신문의 주식 시황에는 '큰손 동향'이라는 것이 있었지. 신문을 볼 때마다 큰손이 뭘 의미하는지도 몰랐는데 증권사 직원이 하는 이야기를 들어보니 주식 시장을 들었다 놨다 하는 엄청난 세력이더라고."

당시 큰손들이 주식 시장에 미치는 영향은 대단했다. 큰손들은 하루에 수백억 원의 자금을 휘두르며 시장을 장악하고 있었다. 큰손 중에 큰손으로 통하는 K씨는 업종 전체를 상한가로 올릴 정도로 자금력이 대단했다. K씨가 주식을 사면 그 주식은 무조건 오른다는 소문이 나돌 정도로 대단한 인물로 통했다.

"큰손들의 이야기를 들으면서 번뜩이는 생각이 있었지. 마치 신의 계시를 받은 것 같았어."

그의 표정이 너무 진지해서 웃음을 참지 못하고 물어보았다.

"어떤 생각이 떠올랐는데요?"

"큰손을 찾아가 한 수 배워야겠다는 생각."

그는 K씨가 있다는 광화문 사무실로 찾아갔다.

"열댓 명의 직원이 있었는데 일을 하는 건지 놀고 있는 건지, 하릴없이 널브러져 있더라고. 한쪽에서는 고스톱을 치고 있었고. 어떻게 왔냐고 묻기에 일 좀 배우러 왔다니까 단번에 걸어차는 거야.

두 번째 찾아갔을 때에는 건달들이 나오더라고."

하지만 그가 처음으로 찾아갔던 당대 최고의 큰손 K씨는 1990년 대 이후 연이은 투자 실패로 큰 손실을 입고 결국 주식 바닥을 떠나게 된다.

"증권사 직원에게 졸랐지. 가까운 큰손이 있으면 소개 좀 시켜 달라고. 비싼 시계까지 사 주면서 졸라댔어. 그러던 어느 날 그 직원이 날짜를 알려 주는 거야. 그날 한 큰손과 만나기로 했는데 같이 가자고 하더라고."

그는 증권사 직원과 함께 새로운 큰손 A씨를 만났다. A씨는 K씨와 다르게 조용하고 성품이 겸손했다. 주식에 투자하는 현금만 수백억으로 그동안 건설 업종으로 많은 돈을 벌어들였다.

"내 사정을 말했지. 그동안 살아온 이야기를 했는데 가만히 들어주더라고. 그리고 나서 주소를 알려 주는 거야."

다음날 그는 A씨를 찾아갔다. 여의도 백화점 인근에 있는 건물이었고, 20평 정도 되는 사무실에 일곱 명의 직원이 모여 있었다. A씨의 방으로 들어가자 무표정한 얼굴로 그가 책상에 앉아 있었다. 특이하게도 당시 무척이나 생소했던 〈타임(Time)〉지를 보고 있었다. 정중히 인사를 하고 소파에 앉은 후 그에게 주식을 배우고 싶다고 말했다. 조용히 듣던 A씨가 입을 열었다.

주식을 하려면 '욕심'의 정의부터 내려라

"세상에는 두 가지 부류의 사람이 있다. 주식을 하는 사람과 주식을 하지 않는 사람. 당신은 어느 쪽인가?"

그는 당연히 주식을 하는 사람이라고 대답했다.

"주식 하는 사람은 주식만 해야 한다. 본업을 하면서 돈 좀 벌어보겠다는 요량으로는 안 된다. 여기서 주식을 배우려면 주식만 할 각오를 해라."

생각할 겨를도 없이 A씨는 이야기를 계속했다.

"주식을 배우려면 제일 먼저 '욕심의 정의'를 분명하게 내려야 한다. 주식으로 망하는 사람 대부분이 욕심을 조절하지 못했기 때문이다."

그는 욕심의 정의를 어떻게 내려야 하느냐고 물었다.

"만 원에 산 주식이 2만 원까지 갈 거라 예상했다면 2만 원까지 기다리는 건 욕심이다. 2할이 적은 만 6천 원에 파는 것이 욕심을 버리는 것이다."

A씨가 질문했다.

"좋은 주식이란 어떤 주식인가?"

그가 머뭇거리면서 대답을 못 하자 A씨가 다시 말했다.

"학교에 학생 1,000명이 있다. 이 중에는 공부 잘하는 학생도 있고 못하는 학생도 있을 것이다. 학생들의 평가는 시험을 통해 내려

지중해 부자

진다. 주식으로 따진다면 학생의 성적에 따라 주가가 매겨지는 것이다. 학생이 주식이라면 당신은 어떤 학생에게 투자할 것인가?"

그는 당연히 공부 잘하는 학생이라고 대답했다.

"지금 공부 잘하는 학생이 앞으로도 잘할 거라는 예상은 누구나 할 수 있다. 좋은 대학에 갈 것이고 좋은 회사에 취직할 것이기 때문에 그 학생의 주가는 이미 많이 올라 있다. 다른 학생에 비해 안전하긴 하지만 가격이 비싸서 수익성은 그리 높지 않을 것이다."

"그럼 공부 못하는 학생에게 투자를 해야 하나요?"

"공부 못하는 학생은 주가가 싸긴 하지만 앞으로 성장보다는 상장 폐지될 가능성이 더 높다. 그래서 위험한 투자가 돼 버린다."

그는 아무 말도 하지 못하고 A씨를 바라보았다. A씨는 차분하게 말을 이었다.

"학생들을 가만히 지켜보면 공부는 못하지만 뭔가에 열중하는 학생이 있고, 또 인간관계가 좋아서 친구가 많은 학생도 있다. 뭔가에 열중하는 학생이라면 어떤 분야에서 일인자가 될 가능성이 높고, 친구가 많은 학생은 장사나 비즈니스를 누구보다도 잘할 가능성이 높다. 지금은 성적으로 모든 걸 평가하기에 주가는 턱없이 싸지만 앞으로 성장할 확률은 누구보다 높은 셈이다. 이런 학생과 같은 주식이 내가 원하는 좋은 주식이다. 눈에 띄지는 않지만 가만

주식 투자는 숨어 있는
미래의 인재를 가려내는 일과 같다.

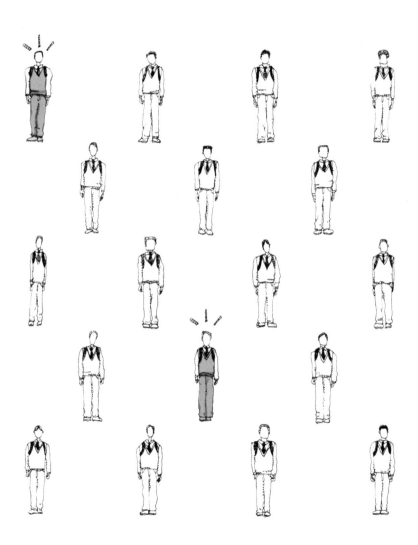

히 들여다보면 성장 가능성이 높은 그런 회사를 골라내는 게 우리의 투자 방식이다."

큰손 A씨는 서너 개의 회사를 집중 매수해서 2, 3년이 지났을 때 원하는 가격에 파는 방식을 고수하는 사람이었다.

"그럼 시간이 너무 오래 걸리지 않습니까?"

"단기 매매는 열 번 잘해도 한 번 잘못하면 쪽박을 찬다. 하지만 장기 매매는 열 개 중에 두세 개만 잘돼도 크게 벌 수 있다."

그는 자리에서 일어나 A씨에게 큰절을 했다. 그리고 다음날 아침 인천 공사장이 아닌 여의도로 가는 버스에 올라탔다.

주식을 하려면 '욕심'의 정의부터 내려라

지중해 부자처럼
생각하기

격동의 1990년대 주식 시장

1980년대 중반부터 급격히 상승한 주식 시장은 많은 부자를 배출해 냈다. 아니 배출해 낸 것이 아니라 부자들을 더 부자로 만들었다. 돈 있고 배경 있는 극히 일부만이 주식 투자에 뛰어들어 돈을 벌었고, 일반인은 대부분 돈을 잃거나 그저 남의 일로만 바라봐야 했다. 1990년대 주식 시장은 많은 이슈를 거치면서 성숙기로 들어서는 중추적인 역할을 했다. 어떤 일이 있었는지 짚어 보는 것만으로도 주식 시장의 성장 단계를 알 수 있다.

외국인에게 주식 시장 개방

국내 주식 시장은 1992년 1월 외국인에게 부분적으로 개방되기 시작해 2000년에 완전 개방되었다. 당시 외국인의 투자 자금은 1990년대 초 침체에 시달리던 증권 시장에 새로운 활력을 불어넣고 증시의 유동성을 풍부하게 했다.

주식 매매의 전산화

1997년 9월 1일부터 주식 매매가 전면적으로 전산화되었다. 이미 1988년부터 전산 매매와 수기 매매가 함께 이루어지고 있었지만 거래량이 점점 늘면서 전면 전산화가 실행된 것이다. 수기 매매냐, 전산 매매냐는 별 차이가 없어 보이지만 수기 매매의 경우 실시간으로 주가를 확인하기 어렵고 주문을 내더라도 체결 여부를 알 수 없어 실수가 잦았다. 반면 전산 매매는 실시간으로 체결 여부와 가격을 알 수 있어 개인이 주식 시장에 진입하는 데 결정적인 역할을 했다.

작전 세력

1990년대에 나타난 작전 세력은 큰 폭의 시세 차익을 내면서 세간에 알려지기 시작했다. 그들은 철저한 계획과 끈끈한 결속력으로 오랜 기간 동안 명성을 날렸다. 주로 명문 대학 동문회 위주로 결성되었고 실력을 자랑하기 위한 작전도 성행했다.

코스닥 시장

1996년 7월 1일 코스닥 시장이 개장되었다. 코스닥은 당시 장외로 거래되던 중소기업 주식에 대해 유동성을 확대하고 자본 조달의 기회를 주고자 출범했다. 정부는 미국 벤처기업 증권 시장인 나스닥(NASDAQ)을 모델로 삼고 지속적인 성장을 위해 적극적으로 지원했다. 1999년 주가가 폭발적으로 상승하면서 많은 벤처 갑부가 탄생했다.

IMF 외환위기

1997년 여름, 동남아시아에서 시작된 통화위기가 아시아 신흥 국가에까지 퍼지면서 결국 국내에도 외환위기가 닥쳤다. 원/달러 환율은 2,000원까지 치솟았고, 주가는 1997년 12월 24일 351포인트까지 떨어졌다. 이 사태로 국내 부실 기업들이 본격적으로 구조조정에 나서면서 대량의 실업자가 발생했다. 부도 회사가 늘고 금리까지 치솟아 국민이 많은 고통을 겪었다.

이외에도 증시 하락을 이유로 투자자들은 수시로 거리에 나가 증시 부양책을 위한 시위를 했고, 1989년 12·12 증시 부양책이 발표됐으나 결국 실패로 끝났다. 또한 신용거래가 시작되어 대출 형식으로 주식을 사들이는 투자자가 늘어났는데, 주가가 하락하자 대출을 갚지 못하는 깡통 계좌도 크게 증가했다. 정부와 증권사는 1990년 10월 이러한 깡통 계좌를 강제로 일괄 정리했지만 이후 주가가 다시 상승하면서 투자자들의 억울한 상황이 생겨났다. 이러한 증시 환경으로 정부와 증권사에 대한 투자자들의 불신과 불만이 커져 갔다.

STORY 7

많이 먹으려면
파이를 크게 키워라

"확실한 정보를 들었을 때
자기만 벌려고 하면 그것밖에 못 버는 거야.
돈은 키워서 불릴 줄 알아야지.
같은 수익률이라도 파이를 키운 사람이 더 많이 가져가니까."

지중해 부자가 큰손의 사무실로 출근한 것은 외국인에게 주식이 개방될 거란 소문이 나돌던 1991년 초였다. 건설 일을 그만두고 주식에 몰두하기로 결정했으나 문제는 돈이었다. 채권자들에게 이자를 주어야 했고, 얼마 안 되지만 아이들의 양육비도 처형에게 보내야 했다.

　"당장 먹고살아야 할 텐데 생활비와 이자는 어떻게 하셨어요?"

　내 질문에 그는 먼 곳을 응시하며 말했다.

　"일단 채권자들을 찾아갔지. 지금 상황을 말하면서 주식으로 성공해서 원금까지 꼭 갚겠다고 했더니 턱없는 소리라고 야단을 치더라고."

당시의 주식 시장 분위기로는 도저히 그들을 납득시킬 수 없었다. 채권자들은 그를 닦달해야 더 이상 나올 것이 없음을 알고 있었기에 못마땅한 표정으로 빨리 갚으라는 말 외에는 어떤 말도 하지 않았다.

"아내에게 새 전화번호를 알려 줬어. 여의도에서 지인이 하는 일을 도와준다고만 하고 당분간 아이들 양육비는 못 보낼 것 같다고 말하려니 얼마나 미안했는지 몰라. 다행히 아무 소리 하지 않더라고."

여의도 사무실에 출근했으나 그가 앉을 자리는 없었다. 중앙에 놓인 두 개의 커다란 테이블에 서너 명이 앉아 있었는데 지정된 자리가 있다기보다는 각자 알아서 빈자리에 앉는 식이었다. 앉을 자리가 보이지 않자 그는 구석에 서서 그들이 일하는 모습을 그냥 바라보았다.

'다들 뭘 하는 거지?'

사람들은 하루 종일 하릴없이 앉아 있었다. 신문을 보기도 하고 어제 본 드라마 이야기를 하며 수다를 떨기도 했다. 점심이 되자 여자 둘이 밥을 지었고 다 함께 모여 식사를 했다. 큰손에게는 별도로 밥상을 차렸는데 그들이 먹는 것과는 다르게 여러 가지 반찬으로 푸짐했다.

다음날 일찍 출근한 그는 빈자리에 앉았지만 이내 일어나야 했다. 고참으로 보이는 누군가가 "어디 신입이 건방지게 의자에 앉느냐!"며 소리를 질렀기 때문에 어제 서 있던 그 자리에 다시 멀뚱히 있어야 했다. 사람들이 내내 시간 때우듯 자리를 지키고 있던 오전 시간이 지나고 오후가 되자 큰손이 주식 주문을 하달했다. 이때부터 다들 분주하게 움직였다.

두 명씩 한 조가 되어 정해진 증권사로 출발했다. 그도 얼떨결에 따라나섰다. 그들은 몇 개의 계좌를 통해 주식을 주문했다. 사무실 사람들이 하는 일이란 그저 큰손의 주식 주문을 대행하는 것이 전부였다. 그러면 큰손은 그들에게 얼마간의 심부름 값을 건네주었다.

'고작 그걸 벌려고 여기서 일을 하나?'

이런 생각이 들 찰나에 그들이 큰손과 같은 주식을 주문하는 것을 보고서야 상황이 짐작되었다.

사무실 청소는 그의 몫이었다. 식사 후 설거지도 그가 해야 했다. 가끔 큰손의 차를 세차하거나 멀리 지방까지 심부름을 다녀오기도 했다. 그렇게 서너 달이 지났을 때 그는 더 버틸 여력이 없었다. 수입이 없으니 여의도로 출근할 버스 값마저 다 떨어졌다. 큰손의 주식 주문을 그가 처리할 때도 있었지만 심부름 값은 언제나

많이 먹으려면 파이를 크게 키워라

함께 간 선배 차지였다.

그는 거처를 옮겼다. 사무실에서 먹고 자기로 했다. 남대문 시장에서 낡은 군용 침상을 구해 숨겨 두고 퇴근 때 집에 가는 척하다가 다시 사무실에 들어와 잠을 잤다. 식사는 사무실에서 먹는 것으로 때웠다.

"그때 얼마나 고생을 했는지 몰라. 건설 일을 할 때에는 실컷 먹기라도 했는데……. 돈이 없으니까 꼼짝도 못하고 눈칫밥 먹으면서 지냈더니 안 그래도 마른 몸이 뼈만 남더라고."

큰손이 주문하는 주식은 대부분 높은 수익을 남겼다. 그렇지만 3년에 가까운 장기 투자라는 점이 그에게는 높은 장벽이었다. 단기 투자금이라면 어디 가서 빌리기라도 해볼 텐데 3년은 너무 긴 시간이었다. 사무실 사람들이 신이 나서 주식 주문을 따라 할 때 그는 그저 바라보기만 해야 했다.

"아무리 확실한 정보가 있으면 뭐해. 투자할 돈이 있어야지. 주식을 사지 못할 때마다 꼭 내 돈을 잃는 것 같더라고."

몇 개월 후, 그는 생각을 바꿨다. 채권자들을 다시 찾아갔고 큰손에 대해 이야기했다. 그가 사는 주식을 따라 산다면 크게 성공할수 있을 거라고 설득했다. 며칠 후 채권자 한 명이 돈 봉투를 들고여의도로 찾아왔다.

"저 사람이 그 큰손이란 사람이라 이거지?"

사무실을 보고 말로만 듣던 큰손의 존재를 확인한 후에야 그 채권자는 돈 봉투를 내밀었다. 며칠 뒤 채권자 몇 명이 더 찾아왔다. 그는 큰손이 주식 주문을 낼 때마다 채권자들에게 받은 자금으로 주식을 사들였다.

"어느 날 아내가 찾아왔어. 내 얼굴을 보더니 밥이라도 사 먹으라며 돈 뭉치를 건네주더라고. 앞으로 3년 정도는 그렇게 살아야 했으니 정말 면목이 없었지."

그렇게 큰손의 주식 주문을 대행하며 채권자들에게 받은 돈으로 투자를 하던 중 함께 일하던 직원들이 여러 명 바뀌었다. 모두 큰손의 돈을 몰래 빼돌리려다 걸린 사람들이었다. 덕분에 그도 심부름 값을 받게 되었다. 많지는 않았지만 건당 몇만 원은 받을 수 있었다.

"사무실에서 신문을 보고 있는데 어떤 광고가 눈에 들어오더라고. '외국인들의 투자 비법'이라는 제목의 강연 광고였는데 너무 듣고 싶은 거야. 그런데 참가비가 무려 5만 원이었어. 그 돈이면 아이들에게 보내기에도 충분한 금액이라 고민을 많이 했지."

하지만 그는 거금 5만 원을 들여 강연에 참석했다.

"미국 증권사에서 일을 했다는 젊은 친구가 강사로 나왔어. 세계 경제와 주식 시장에 대해 설명해 주고 미국 투자자들은 어떤 종목을 사들이는지를 말해 주는데 마치 다른 세상 이야기를 듣는 것 같더라고. 지금까지 내가 생각한 주식 투자와 완전히 다른 세상을 알려 주었지. 특히 가치투자에 관한 이야기를 하며 그 기준으로 PER라는 개념을 가르쳐 주었는데 처음 듣는 이야기였지. 그래도 무척 흥미로웠어. 결론적으로 외국인들은 미국에서처럼 국내에서도 PER가 낮은 종목을 집중적으로 사들일 거라고 하더라고."

PER란 주가수익비율을 뜻하는 말로, 주식 한 주가 벌어들이는 수익력이 시장에서 얼마만큼의 가격으로 평가받고 있는지를 나타내는 것이다. 일반적으로 업종의 평균적인 PER에 대비해 지표가 낮으면 저평가되어 있다고 판단한다.

"강의를 듣고 나서 스티브 김이라는 강사를 여러 번 만났어. 미국에서 공부하고 증권사에 10년 정도 있었는데 이번에 J투자회사의 한국 지사로 발령이 나서 온 거야. 간간이 강연하는 것을 즐기는 멋진 친구였지. 그 친구의 말을 듣고 PER에 대해 본격적으로 공부하기 시작했어. 그의 말대로 우리나라도 외국인 때문에 주식 시장이 바뀔 것 같았거든. 그런데 막상 PER가 낮은 종목을 찾으려 해도 그럴 만한 정보가 있어야 말이지."

그는 예전에 알고 지내던 증권사 직원을 찾아갔다. PER가 낮은 종목을 알려 달라 했고 어렵지 않게 정보를 건네받을 수 있었다. 큰손에게 증권사에서 받은 저PER주 종목 리스트를 보여 주면서 설명했다.

"이제 곧 외국인에게 증시가 개방되면 그들이 선도할 거라고 나는 말했어. 강사에게 들은 내용과 공부한 내용을 그대로 전했지. 결론적으로 그들이 살 만한 종목을 미리 사야 한다는 말이었는데 사무실 사람들은 쓸데없는 소리라고 다 고개를 젓더라고. 그런데 큰손은 어느 정도 알아듣는 것 같았어. 일본에서도 그런 상황이 일어났다고 말했으니까. 타임지를 괜히 보는 게 아니었어."

일본에서도 외국인에게 증시가 개방되자 저PER주 혁명이 일어났다. 외국인들은 일본 증시에 진출하면서 PER가 낮은 종목을 집중적으로 사들였고, 그 종목들이 급등하면서 'PER 혁명'이 시작되었다. 소니의 주가는 외국인들 덕분에 1967년부터 3년 동안 무려 9배나 상승했다.

큰손은 그를 자주 불렀다. 어쩔 땐 식사를 함께 하기도 했다. 퇴근하면서 집으로 데려간 적도 있었다. 평창동에 있는 큰손의 집은 2층 건물에 200평은 족히 넘어 보이는 멋진 정원을 갖추고 있었다. 가지가 늘어진 소나무가 운치 있게 자리 잡고 있었다.

"정원을 보고 입이 딱 벌어졌는데 막상 집 안에 들어가 보니 의외로 검소하게 살더라고. 거실 정면에 보이는 오디오는 얼마나 오래되었는지 처음에는 골동품인 줄 알았다가 음악이 나오는 걸 보고 참 검소한 사람이란 걸 알았지. 소파는 낡아서 가죽이 다 벗겨져 있었으니까."

큰손은 그에게 자신의 젊은 시절 이야기를 들려주었다. 스무 살적 미국으로 건너가 증권사에 다니는 삼촌을 통해 경제와 주식을 배웠다고 했다. 그러다 한국에 건너온 후 부모님이 물려준 땅을 모두 팔아 주식을 사들이기 시작했다. 당시 한국은 경부고속도로 외에는 이렇다 할 것이 없어 건설을 통해 경제를 키울 것이라는 삼촌의 이야기를 듣고 건설주를 집중적으로 샀다. 그렇게 10년 정도 흐르자 삼촌 말대로 대한민국은 건설 붐이 일어 그의 자산은 30배가 넘게 불어났다. 그 후로도 그가 사들인 주식은 1980년대 중후반을 거치면서 크게 올랐고 덕분에 큰손이 된 것이었다.

식사를 마치고 돌아가는 길에 큰손에게서 책 서너 권을 건네받았다. 그가 미국에 있을 때 구입한 영문으로 된 주식 투자 관련 책이었다.

"내용이 정말 궁금했어. 미국인들은 어떻게 주식 투자를 하는지 말이야. 그들은 주식 선진국에서 우리보다 한참 많은 경험을 했잖아. 책의 단어 하나씩 해석하며 읽는데 전율을 느꼈어."

하지만 들뜬 마음으로 사전을 뒤져 가며 읽어도 하루에 서너 줄 읽기가 힘들었다. 영어를 꽤 유창하게 구사하는 큰손의 도움으로 번역한 내용을 노트에 적어 두고 하루에도 몇 번씩이나 반복해서 읽었다.

큰손은 그에게 사무실을 하나 차려 주었다. 저녁이 되면 친하게 지내던 증권사 직원들과 모여 저PER주에 관한 회의를 했다. 가끔 큰손이 참석해 술자리를 마련해 주기도 했다. 회의를 통해 종목이 정해지면 큰손은 주식 주문을 하달했다. 이때 내려진 주식 주문은 이전 사무실 사람들에게는 철저히 비밀로 했다. 주식 주문은 함께 모인 증권사 직원들이 처리했다. 당연히 그도 채권자들에게 받은 자금으로 같은 주식을 사들였다.

"주식이 그렇게 재미있는 건지 그때 처음 알았지. 뭣도 모르고 할 때에는 돈을 잃을까 봐 노심초사하며 살았는데 뭔가를 알고 투자하니까 그렇게 재미있는 거야. 시간이 지나면 올라간다는 걸 알고 있으니까 주가가 떨어져도 걱정할 필요가 없었거든. 때가 될 때까지 느긋하게 기다리면 되는 게지."

1992년 국내 증시가 외국인에게 개방되자 일본과 같은 저PER주 혁명이 일어났다. 외국인들은 저PER주 위주로 사들였고 그들이 산 주식은 하늘 높은 줄 모르고 올랐다. 증시 개방 이후 3개월

간 가장 높은 수익을 기록한 종목은 대한화섬으로 무려 390퍼센트나 상승했다.

큰손이 주로 사들인 종목은 백양, 태광산업, 계몽사, 한국이동통신, 대웅제약, 한국타이어, 태창, 고려제강 등으로 모두 회의를 통해 찾아낸 저PER주였다. 그들의 예상처럼 외국인의 매수가 시작되면서 대부분 2배 이상의 높은 수익을 낼 수 있었다.

"큰손이 수고했다며 가방을 주는데 깜짝 놀랐어. 그 안에 돈뭉치가 가득 있었거든. 집 한 채는 너끈히 살 정도의 돈이었지. 채권자들도 꽤 많은 돈을 벌었는데 그것으로 그들에게 진 빚을 모두 탕감받았지."

그는 화곡동에 집을 장만했다. 당시 화곡동은 서울에서 집값이 가장 싼 지역 중 하나였고 여의도에서도 그리 멀지 않았다. 고급 주택을 살 자금이 있었지만 주식 투자 자본금을 늘리기 위해서 싼 집을 골라야 했다.

"근 3년 만에 가족이 다시 뭉친 거야. 다들 좋아서 얼마나 울었는지 몰라. 막내는 춤을 추느라 잠자는 것도 잊었으니까."

돈을 번 채권자들은 그에게 더 많은 돈을 가져왔다. 다른 곳에서 소문을 들은 사람들까지 그를 찾아왔다. 그는 계약서를 만들었다. 원금 보전을 원하면 수익의 7할을, 그리고 원금 보전을 원치 않으면 수익의 3할을 수수료 명목으로 뗀다는 내용의 계약서였다. 기존에 투자했던 사람들은 대부분 원금 보전보다는 수익이 높은 계약 조건을 선택했고, 처음 그에게 투자하는 사람들은 원금 보전을 선택했다.

큰손은 수익이 날 때마다 별도의 기준 없이 내키는 대로 돈 가방을 건넸다. 그는 증권사 직원들과 배분해서 나눠 가졌다.

"그렇게 한창 돈을 벌고 있을 때 뭔가 심상치 않은 분위기가 느껴졌어. 증권사 직원들이 귀띔을 해주었지만 그렇게 빨리 결정될 줄은 몰랐지."

1993년 8월 12일 금융실명제가 전격 실시되었다. 문민정부는 차명 계좌에 따른 비리를 없애겠다는 목적으로 금융실명제를 실시했다. 이것으로 증시에 큰 회오리가 몰아쳤다. 큰손을 비롯한 대부분의 재력가들은 자신의 계좌가 아닌 차명 계좌를 통해 주식 거래를 했고, 차명 계좌를 숨기기 위해 금융실명제 발표 직후 무더기로 매물을 쏟아냈다. 이날 증시는 960개 종목 가운데 무려 917개가 하한가를 기록했다. 증시 개장 이후 37년 만에 벌어진 최악의 폭락 사태였다.

"금융실명제는 큰손들에게 돈을 댄 명동의 사채업자들까지 자취를 감출 정도로 영향력이 막강했지. 증시를 빠져나온 자금이 비교적 안전한 금으로 옮겨 가면서 금값이 폭등했고, 집에 현금을 보관하려는 사람이 늘면서 금고 판매량이 급증했어. 특히 일제 금고가 많은 인기를 끌었지."

그도 주가 폭락을 피해 갈 수 없었다.

"원금 보전 계약을 한 투자자들이 찾아왔어. 더 늦기 전에 원금을 달라며 난리를 치는 거야. 한두 명도 아니니 주식을 다 팔아도 부족했지."

그는 결국 집을 팔았다. 산 지 6개월도 안 된 집을 처분하고 다시 월세방으로 들어갔다. 그래도 돈이 부족하자 자신이 보유한 주식까지 처분해서 모두 돌려주었다.

당시 외국인 투자자의 등장과 금융실명제는 큰손들에게 큰 위기를 안겨 주었다. 외국인은 첨단 기법을 앞세워 주식 시장을 장악했다. 투자신탁 같은 기관들 또한 증시 참여가 커지면서 새로운 세력으로 나타났다. 과거 방식으로 돈을 벌려는 큰손들은 점점 설 자리를 잃었고, 대부분 차명 계좌를 통해 거래를 해왔기 때문에 금융실명제 이후 자취를 감추거나 소극적으로 투자할 수밖에 없었다. 그와 함께 지내던 큰손도 예외는 아니었다. 더 이상 차명 계좌를 사용할 수 없게 되자 예전처럼 크게 벌 수가 없었다.

큰손에게 작전 세력들이 찾아오기 시작했다. 구체적인 종목과 치밀한 계획까지 이야기하며 자금을 대줄 것을 요구했다. 사무실에 남아 있던 직원들은 작전을 해서라도 돈을 벌어야 한다고 큰손을 설득했다. 하지만 큰손은 완강히 거부했다. 계속해서 작전 세력이 찾아왔지만 모두 거절했다.

사무실 직원들은 벌이가 없자 더 이상 그곳에 남아 있을 수가 없었다. 결국 그들은 떠났고 여의도 사무실도 문을 닫게 되었다. 큰손에게는 그에게 차려 준 작은 사무실만 남게 되었다.

"사무실 사람들이 떠나는 걸 보면서 '왜 저렇게 살까' 하는 생각이 들더라고. 그동안 돈 벌 기회가 많았는데 그릇이 작다 보니 기회를 못 살린 거지. 확실한 정보를 들었을 때 자기만 벌려고 하면 그것밖에 못 버는 거야. 자기 돈으로 투자를 해봤자 얼마나 벌겠어. 돈은 말이야. 키워서 불릴 줄 알아야 해. 수익률이 같더라도 파이를 더 크게 키운 사람이 훨씬 많은 돈을 가져가니까."

자기 돈 1,000만 원을 투자한 사람과 사람을 모아 10억을 투자한 사람 모두 10퍼센트의 수익이 났다면, 앞사람은 100만 원을 벌고 파이를 키운 사람은 1억을 벌게 된다.

"월세방에 살고 있을 때 나에게 투자했던 사람들이 다시 찾아왔지. 원금을 다 돌려주었는데도 뭘 더 바라는지 여러 명이 우르르 몰려왔어. 긴장을 하면서 그들의 이야기를 들어보니 다시 투자를

많이 먹으려면 파이를 크게 키워라

하겠다는 거야."

그들은 이번에는 더 많은 돈을 주었다. 주변 사람들까지 합세하여 돈 뭉치를 건네주었다.

"내가 집을 팔아서까지 약속을 지킨 것을 보고 이 사람이면 믿을 만하다고 생각했나 봐. 당시 나처럼 돈을 받아 주식 투자를 해주는 사람들이 꽤 있었는데 금융실명제 때 주가가 폭락하면서 다들 연락을 끊고 도망갔다는 거야. 나처럼 계약을 지킨 사람은 처음 본다며 돈을 주더라고. 그 일로 점점 소문이 나면서 많은 사람이 몰려왔지."

그 후 500선까지 떨어졌던 국내 증시는 다시 상승하기 시작했다. 1994년 11월에는 전 고점인 1,000포인트를 넘어 1,145포인트까지 올라갔다. 그는 증시 활황 덕분에 많은 수익을 냈다. 이후 투자자에게 받은 자금과 함께 지내던 큰손 그리고 명동의 사채업자까지 자금을 대면서 엄청난 돈을 벌어들였다. 1997년 IMF 사태가 터지면서 잠시 손실을 보긴 했지만, 이 시기에 우량주를 대량으로 싼 가격에 사들이면서 큰손을 앞서는 부자의 대열에 들어서게 되었다.

"내가 왜 주식 투자에서 성공한 줄 알겠나?"

"시대의 변화를 잘 따라간 것 같습니다."

당장 먹고사는 상황이 힘들어도
돈과 관련한 약속은 지켜야 한다.

"시대의 변화는 무슨! 그런 건 지금도 잘 몰라. 난 말이야. 지금 껏 살면서 약속을 어겨 본 적이 없어. 판자촌에서 살면서도 이자는 잊지 않고 갚았고, 집을 팔아서라도 원금을 갚았거든. 그게 성공의 발판이 된 거야. 만약 당장 먹고살 돈도 없다면서 채권자들을 모른 척하고 원금을 갚기는커녕 도망이나 다녔으면 아직도 판자촌에서 살았을지 몰라."

지중해 부자처럼
생각하기

'지중해 부자' 식 주식 투자법

주식 투자에 성공할 확률을 따져 보면 0.1퍼센트도 안 된다는 계산이 나온다. 예상치이긴 하지만 주식 투자로 성공했다는 사람은 만 명 중 한 명 있을까 말까 한 확률이다. 그래서 주식 시장은 그 정도 확률밖에 기대할 수 없는 살아남기 어려운 곳이다.

주식에 대해 아무것도 몰랐던 그가 어떻게 해서 그러한 큰 성공을 거머쥘 수 있었을까? 그의 성공 비결을 알아본다.

많이 먹으려면 파이를 크게 키워라

최고의 고수를 찾아갔다

당시 최고의 고수는 실력자가 아니라 돈이 많은 큰손이었다. 돈으로 증시를 주무르던 시기였기에 그는 큰손을 찾아간 것이다. 큰손에게 버림을 받고, 동료에게 시달림을 받고, 수개월 동안 한 푼도 못 버는 생활이 계속되었지만 주식으로 성공하겠다는 의지로 끝까지 버티며 큰손을 통해 기회를 잡았다.

새로운 방식을 습득하고 실천했다

그가 본격적으로 전업 투자에 뛰어들었을 때 국내 증시는 외국인 개방에 대한 기대감에 부풀어 있었다. 하지만 외국인 투자에 관한 연구와 준비는 없던 시기였다. 거금 5만 원을 들여 찾아간 외국인 투자 강연을 통해 그는 새로운 세상을 알게 되었다. 그것으로 그친 것이 아니라 선진국의 투자 방식을 공부하고 전문가들을 모아 함께 연구했다.

주변 사람들과 함께 파이를 키웠다

큰손 밑에서 함께 지냈던 사람들은 각자 제 살 길이 바빴다. 아무리 좋은 정보라도 자신의 자금으로만 투자했기에 돈을 버는 데 한계가 있었다. 그는 채권자를 시작으로 큰손, 사채업자까지 함께하여 파이를 키워 갔다. 같은 10퍼센트 수익이 났더라도 1,000만 원의 10퍼센트와 10억의 10퍼센트는 100배 차이가 난다.

신뢰를 생명처럼 여겼다

판자촌에서 식구들과 떨어져 살면서도 채권자에게 이자를 갚는 일은 거르지 않았다. 아무리 형편이 어려워도 숨거나 도망치지 않았다. 주가 하락으로 원금을 잃었을 때에도 집을 팔면서까지 약속대로 원금을 보전해 주었다. 그런 신뢰가 쌓여 더 많은 자금을 얻게 되었고 덕분에 더 큰 돈을 벌 수 있었다.

세상이 뒤집히면
그때가 바로 기회다

"우리가 사는 밝은 세상이 있고
우리가 모르는 저 아래 어두운 세상이 있어.
어두운 세상에 있는 사람들이 돈을 벌려면,
밝은 세상이 한 번씩 뒤집혀야 돈이 돌면서 돈을 벌 수 있지."

지중해 부자의 아내는 고향이 경기도 양평이다. 젊을 적 처가에 들르면 근처 양조장에서 만든 막걸리를 마시곤 했는데, 그 맛을 잊지 못하겠다는 이야기를 여러 번 들었다. 2008년 늦가을에 그가 한국을 찾았다. 장충동의 한 호텔에서 만나자고 해서 그를 위해 양평에서 꽤나 유명한 지평막걸리를 구해 갔다. 그는 한식을 먹으면서 막걸리를 함께 마셨고 무척이나 좋아했다.

그가 갑자기 한국에 온 이유가 궁금했다. 당시 국내 증시는 미국발 금융위기로 인해 폭락을 거듭하면서 종합주가지수가 반 토막을 눈앞에 두고 있었다. 위기 상황이라 급히 왔을 거라고 짐작했다. 식사를 마칠 때쯤 조심스럽게 물었다.

세상이 뒤집히면 그때가 바로 기회다

"주가가 많이 떨어져서 걱정이 크실 것 같습니다."

"걱정은 무슨! 돈 벌 기회가 온 건데."

문득 이분을 처음 만났을 때 H지점장이 했던 말이 기억났다. 당시에도 주가가 반 토막 났던 상황이었는데 그가 한몫 제대로 챙기러 왔다고 했었다. 남들은 지금 주식 때문에 곡소리를 내며 울고 있는데 어떻게 돈을 버느냐고 물었다. 그는 알코올 때문에 벌겋게 달아오른 얼굴로 재미있는 이야기를 들려주었다.

"세상은 말이야. 우리가 사는 밝은 세상이 있고, 우리가 모르는 저 아래쪽에 어두운 세상이 있지. 어느 세상에 돈이 더 많을 것 같은가?"

그가 말하는 어두운 세상이란 지하경제를 말하는 것이었다. 나는 당연히 어두운 세상에 돈이 더 많을 것 같다고 대답했다. 그는 족히 8배 이상의 많은 돈이 어두운 세상에 있다고 했다.

"어두운 세상에 있는 사람들이 돈을 벌려면 밝은 세상이 한 번씩 뒤집혀 주어야 돈이 돌면서 돈을 벌 수 있거든."

나는 술김에 하는 말이라 생각하고 가만히 듣기만 했다.

"세상은 어떻게 뒤집힐까?"

"말도 안 됩니다. 세상이 어떻게 뒤집힙니까?"

"그래서 넌 아직 어린 거야. 세상은 뒤집혀. 지금까지도 몇 번 뒤집혔잖아."

그는 막걸리를 들이켠 후, '꺼억' 하는 소리를 크게 뱉었다. 조용한 호텔이라 분명히 카운터 직원의 귀에도 들렸을 것이다.

"세상은 일정한 주기를 두고 뒤집혀. 우리나라는 대략 5년에서 6년 정도의 주기를 두고 뒤집히지."

그가 잔을 들어 건배하자는 시늉을 했다. 우리는 건배를 하고 단번에 들이켰다. 그는 혀에 힘이 풀리는지 어눌한 발음으로 계속 말을 이어갔다.

"국내 증시를 보면 최근 30년 동안 한 번도 빠짐없이 5, 6년마다 주가가 반 토막이 났다는 걸 알 수 있을 거야. 주가가 반 토막이 나면 어떤 일이 벌어질까?"

"당연히 경제가 어려워지겠죠."

"그런 성의 없는 대답 말고 구체적으로 말해 봐."

"주식 투자자는 엄청난 손해를 입고 주식 시장을 떠날 것이고, 부실 기업은 퇴출되거나 인수 합병되겠죠. 그러면서 실업자는 속출하고 부채도 늘어나면서 전반적인 경기가 위축되겠네요."

"그렇지. 그게 바로 세상이 뒤집히는 거야."

증시가 본격적으로 활성화되던 1986년부터 현재까지의 종합주가지수를 보면 그의 말처럼 5년 정도의 주기로 반 토막 나는 현상이 반복되었다. 최근부터 살펴보면 2008년에는 미국발 금융위기로 주가가 최고점이었던 2,000선에 대비해 절반인 1,000선까지 내려앉았다. 그로부터 5년 전인 2003년에는 카드 대란이 터지면서 최고점 1,000선에서 500선까지 떨어졌다. 1997년에는 IMF 외환위기가 터지면서 반 토막이 났고, 1992년 말에는 급격한 상승으로 인한 조정과 금융실명제가 겹치면서 반 토막으로 떨어졌다. 5년마다 평균 51퍼센트가 떨어진 셈이다.

"사람들은 언제 주식 투자를 할까?"

"당연히 주가가 올라갈 때 하겠죠."

"그래. 주가가 천정부지로 오르고 있으면 안 할 수가 없지. 언론에서 연일 최고치라고 떠들고 옆집에 사는 주부도 회사 동료도 죄다 주식 투자를 하고 있는 판인데, 안 하면 바보가 되는 세상인 거지. 그동안 모아 둔 목돈으로 주식을 사든가, 아니면 펀드에 투자할 거야."

나 역시 그럴 때 항상 주식 투자를 했다.

"주식을 샀더니 사람들 말처럼 정말 올라가는 거야. 흥분도 되고 욕심이 생기겠지. 은행으로 달려가 적금을 깰 거고 대출까지 받아서 주식을 더 사들이겠지."

전형적인 초보 투자자들의 모습이었다.

"그러다 주가가 점점 떨어지기 시작하는 거야. 걱정이 돼서 팔려고 해도 증권사나 방송에서는 하나같이 조정을 받는다느니, 저점 매수의 기회라느니 하면서 주식을 더 사라고 부추기지."

나도 많이 당했던 상황이라 고개가 절로 끄덕여졌다.

"손절매라는 뜻, 알고 있나?"

"주가가 어느 정도 떨어졌을 때 손실이 나더라도 팔라는 뜻 아닌가요? 사람마다 기준은 다르지만 대략 5퍼센트부터 10퍼센트 정도에서 손절매를 하는 것으로 알고 있습니다."

"그래. 하지만 그게 말처럼 쉬운 게 아니야. 만약 네가 5,000만 원을 투자했는데 주가가 떨어져서 마이너스 10퍼센트, 즉 500만 원을 손해 보았다면 과연 손절매를 할 수 있을까?"

그런 경험을 하도 많이 해봐서 잘 알고 있다. 절대 못 판다.

"내 손을 자르면 잘랐지, 손해 보고는 절대 팔지 못하는 게 초보자의 습성이거든. 이때 매도 타이밍을 놓친 뒤로 주가는 점점 더 떨어져서 마이너스 30퍼센트까지 손해가 났다면 어떨 것 같은가?"

"요즘 말로 '멘붕'이 올 것 같은데요."

"그래. 짜증이 나고 신경질이 날 거야. 주식 이야기는 꺼내지도 말라며 모른 척할 테고 말이야. 그러면서 속으로는 '언젠가는 오르겠지' 하며 스스로를 위로하겠지."

지난번 H지점장이 추천한 종목을 샀다가 비슷한 상황을 그대로 경험한 적이 있었다.

"주가는 점점 더 떨어져서 결국 반 토막이 났어. 그럴 때 기분이 어떨 것 같은가?"

"화가 나겠지만 그보다 덜컥 겁이 날 것 같습니다."

"맞아. 절반까지 떨어졌다면 앞으로 더 떨어질 것 같은 불안감 때문에 극한 공포를 느끼게 되지. 그래서 다들 더 떨어지기 전에 반이라도 건져야겠다며 팔기 시작하는 거야."

나 역시 H지점장이 추천한 종목이 반 토막 났을 때 모두 급히 팔았다. 그는 빈 막걸리 통을 흔들어 보더니 아쉬운 듯 물 한 잔을 들이켰다.

"그래서 개인은 주식을 안 하는 게 좋아. 심리 게임에서 이길 수가 없거든. 본전 생각과 욕심이 뒤엉켜서 판단을 제대로 못 내려."

자신은 주식으로 큰돈을 벌어 놓고 우리더러 주식을 하지 말라는 말이 조금은 어처구니없게 들렸다.

"국내 주식 시장을 움직이는 큰 세력을 나누어 보면 어떤 세력들이 있을까?"

"그야 외국인이 있고, 기관 그리고 개인 아닐까요?"

경제 신문이나 뉴스를 보면 항상 나오는 이야기였다.

"그래. 그중에서 누가 제일 돈을 많이 벌까?"

"그야 외국인 아닐까요?"

당연한 대답이었다.

"그다음은?"

"기관이겠죠."

"잘 아는구먼. 그럼 개인들은 어떨까?"

"그야 대부분 돈을 잃을 것 같은데요."

남 이야기 할 것 없이 나 스스로가 주식 투자로 많은 돈을 잃고 있었다.

"언제부턴가 국내 주식 시장이 돌아가는 꼴을 보니까 참 재미있는 현상이 반복되는 거야. 왜 외국인과 기관은 돈을 벌고 개인은 돈을 잃는지 그 이유를 생각해 본 적 있나?"

나는 아무 대답도 하지 못했다.

"내가 운영하는 투자회사는 홍콩에서 왔으니 외국인으로 분류되지. 우리 회사의 펀드매니저들은 어떤 주식을 살 것 같은가?"

오늘따라 이분이 유난히 질문을 많이 하는 것 같았다. 다음부터는 막걸리를 사 오지 말아야겠다고 생각하며 대답했다.

"그야 성장성이 좋다든가, 신기술이 있다든가, 아니면 차트 모양이 예쁜 회사의 주식을 사지 않을까요?"

그는 갈증이 나는지 물 한 모금을 벌컥벌컥 들이켰다.

"그런 건 누구나 아는 사실이야. 아주 고급 정보를 빼놓고는 모든 정보가 공개되는 세상이거든. 고급 정보조차 얼마 지나지 않아 일반적인 정보로 바뀌어 버리니까 성장성이나 신기술에 관한 정보에 의존해서 주식을 사들이지는 않지."

"그럼 어떤 주식을 사는데요?"

"대충 몇 개 찍는 거야. 너무 좋지도 않고, 그렇다고 너무 나쁘지도 않은 주식 몇 개를 골라서 사들이지."

왠지 억지라는 생각이 들었다.

"우리 같은 외국인이 의외의 주식을 사들이면 기관들이 궁금해하지. 그래서 사람을 보내서 물어봐. 그 주식을 왜 샀느냐고."

그때 그가 어떤 대답을 했을지 궁금했다.

"왜 사긴. 좋으니까 샀다고 대답하지."

기대를 말았어야 했다.

"그 애길 듣고 기관들이 따라 사는 거야. 외국인이 좋다고 하니까 뭔가 있는 줄 알거든. 기관이 사니까 주가는 당연히 올라가겠지."

나도 물 한 잔을 들이켰다.

"외국인이 사고 기관도 샀다면 그다음에는 누가 살까?"

"당연히 개인들이 사겠죠."

"그래. 외국인과 기관이 사들인 주식이라면 확실하다고 생각하니까. 개인들이 몰려와 마구 사들이기 시작하면 주가는 계속 올라가는 거야. 그때 우리는 제일 먼저 팔면서 높은 수익을 내고, 그다음으로 기관이 팔면서 수익을 얻지. 개인들은 어떨까?"

갑자기 개인 투자자들이 '불쌍하다'는 생각이 들었다.

"개인들은 비싼 가격으로 투자 시장에 들어와 팔지도 못하고 손해만 입는 거야. 외국인과 기관이 갑자기 팔 때에는 대응할 수가 없거든. 그들이 손해 본 만큼 외국인과 기관은 이익을 보는 거지."

깊은 한숨이 흘러나왔다.

"외국인과 기관의 세력이 커지면서 이런 현상이 계속 반복되고 있어. 그러니 개인은 주식 투자를 안 하는 게 좋다고 말한 거야."

뭔가를 기대했다가 주식 투자를 하지 말라는 이야기에 우울해졌다. 그는 벌겋게 달아오른 얼굴로 미소를 짓더니 이야기했다.

"그런데 말이야. 주식 투자 하기에 기가 막힌 기회가 오긴 하지. 이 기회를 놓치는 건 그야말로 하늘이 준 기회를 놓치는 거고."

나는 눈을 동그랗게 뜨고 바라보았다.

"좀 전에 우리나라는 5년 정도마다 한 번씩 주가가 반 토막 난다고 했지?"

그 말에 나는 고개를 끄덕였다.

"그럼 언제 주식을 사야 할까?"

"그야 당연히 반 토막 났을 때 사야겠죠."

"그렇지. 그때가 바로 절호의 기회인 거야. 외부의 영향으로 떨어졌기 때문에 시간이 지나면 원상회복하거든. 싼 가격에 좋은 주식을 살 수 있는 기가 막힌 기회지."

그는 오늘 막걸리 맛이 좋아서 내게 특별히 돈 벌 기회를 알려준다고 말했다.

"그런데 중요한 사실을 알아야 해. 주가가 반 토막 났을 때 주식을 사는 것은 맞지만, 어떤 주식을 사느냐가 관건이야. 이런 흐름을 아는 나 같은 사람들은 업계의 1등 회사 아니면 2등 회사를 고르지만 보통 사람들은 3등 이하의 회사를 골라 투자해. 그런 주식은 더 많이 떨어졌으니까 그만큼 더 오를 거라 판단하는 거지."

"외부의 영향으로 주가가 떨어졌다면 떨어진 만큼 오르는 건 당연하지 않나요?"

"전자업계에서 1등은 어디지?"

"삼성전자."

"2등은?"

"LG전자."

"그럼 3등은?"

"대우? 음, 하이닉스인가?"

대답을 확실히 하지 못하고 우물쭈물했다.

"자동차를 한번 보자고. 1등 회사는 어디인가?"

"당연히 현대자동차."

"2등은?"

"기아자동차."

"그럼 3등은?"

"대우? 아니면 쌍용, 삼성?"

역시 제대로 대답할 수 없었다.

"이렇게 주가가 반 토막이 날 정도로 세상이 뒤집히면 업계 1등 주나 2등 주는 대부분 살아남지만 3등 주부터는 없어지거나 인수 당할 확률이 크지. 대출 비율이 비슷하더라도 잘나가는 회사보다 는 그렇지 못한 회사의 대출이 더 위험해 보이거든. 그래서 정부와 채권단은 구조조정을 한답시고 회사를 없애 버리거나 인수시켜 버 리지. 그런 회사의 주식을 샀다면 당연히 위험한 거야."

나는 고개를 세차게 끄덕였다.

"1등 기업은 위기일수록 빛나는 법이야. 위기가 끝나면 더욱 더 빛을 발하지. 그동안 시장을 나누어 먹던 하위 기업들 일부가 사라 지면서 시장 지배력이 더 늘어나고 확실한 선두 그룹으로서 자리매

세상이 뒤집히면 그때가 바로 기회다

김을 하게 되거든. 가치투자란 게 바로 이런 거야. 위기가 왔을 때 1등 기업에 장기적으로 투자하는 것."

그는 주가가 반 토막이 났을 때 업계 1등 기업의 주식을 사고 2, 3년 정도 기다렸다가 원상태로 돌아오면 그때 팔라고 했다. 그를 만났을 때 당시 삼성전자 주식은 76만 원까지 올랐다가 절반가량이 떨어진 40만 원 선에서 거래되고 있었다.

'그의 말을 믿어도 될까? 더 떨어질 것 같은데……'

이런 의심 때문에 500만 원 정도 주식을 샀다. 그 후 그의 말대로 2년도 안 돼서 원상회복하며 87만 원까지 올라갔다. 42만 원에 사서 80만 원에 팔았지만 너무 적은 금액을 투자한 나의 소심함을 내내 원망해야 했다. 주식 투자를 시작한 지 12년 만에 최고 수익률을 기록했지만 금액으로 따지면 너무 한심했다.

호텔 한식당의 영업 시간이 종료되자 그는 객실에 올라가서 마저 이야기하자고 했다. 오늘따라 기분이 무척 좋아 보였다. 객실에 도착하자 그는 룸서비스로 와인과 치즈를 곁들인 과일 안주를 주문했다. 하지만 룸서비스가 도착하기도 전에 침대에 누운 채 코를 골며 잠이 들어 버렸다. 나 혼자 와인을 마시며 멀리 창밖을 내려다보았다. 늦은 시간인데도 버스 정류장에 사람들이 북적거렸고, 남산 터널에 진입하려는 도로에는 버스와 승용차들이 서로 뒤엉켜

길게 늘어져 있었다. 문득 이런 생각이 들었다.

'다들 저렇게 열심히 살고 있는데 어떤 사람은 잘살고 있고, 또 어떤 사람은 힘겹게 살고 있구나.'

침대에 드러누운 그를 바라보며 나는 과연 어느 쪽일지 생각해 보았다.

· · ·

매년 3월이 되면 지중해 부자의 투자회사는 중대한 행사를 치른다. 한 해 동안 얼마의 수익을 거두었는지 결산 보고를 하고 성대한 파티를 연다. 물론 실적에 따라 파티의 질이 달라진다. 결산은 매달 혹은 분기별로 수시로 보고하지만 연말 결산은 특히 의미가 크다. 단기가 아닌 중장기를 내다보고 투자하기 때문에 매달 보고하는 결산은 크게 신경을 쓰지 않는다.

올해의 행사는 서울 도심 한복판의 호텔에서 성대하게 치러졌다. 최고급 음식뿐만 아니라 바에서 마시는 술까지 마음껏 제공되었고 직원 한 명당 객실 하나가 주어졌다. 거기에 여행 상품권까지 지급되었다. 요즘 주식 시장이 어려워져 증권회사 지점의 수가 축소되고 여의도에는 빈 사무실이 늘었지만 지중해 부자의 투자회사

세상이 뒤집히면 그때가 바로 기회다

는 승승장구하고 있었다. 이번에 만족할 만한 결산을 할 수 있었던 이유는 몇 년 전부터 꾸준히 사들인 주식이 이제야 진가를 발휘하고 있기 때문이다. 몇 년 전 그는 펀드매니저를 비롯한 임원들이 참석한 회의에서 이런 말을 했다.

"앞으로는 사회 현상에 답이 있을 거야. 노인이나 1인 가구가 늘어나는 현상은 어쩔 수 없이 받아들여야 하는 현실이거든. 그런 인구가 늘어남에 따라 수혜를 받을 회사가 분명 있을 거야."

그는 노트에 적어 둔 메모를 보면서 이야기를 계속했다.

"2035년이 되면 세 집 중 한 집은 1인 가구가 될 거란 보고서를 봤어. 우리보다 먼저 1인 가구가 증가하기 시작한 일본도 1인 가구 수혜 회사들의 주가가 대부분 뚜렷하게 상승했다고 하니 우리에게도 곧 닥칠 일이야. 그런 종목을 찾아서 미리 사 두면 좋겠지."

그는 가장 두드러진 사회 현상으로 '1인 가구의 증가'를 지목했고, 그에 따른 수혜 회사를 찾아 주식을 사들이라 했다. 펀드매니저와 임원들이 모여 회의를 했다.

"1인 가구들은 뭘 먹고 살까?"

"혼자서 밥을 먹어 본 사람은 알겠지만 우리나라 식당에서 홀로 외식하는 건 돈 쓰면서 눈칫밥 먹는 마음 아픈 일이죠. 그래서 대부분 간단한 먹거리로 해결합니다. 컵라면이나 김밥, 3분 카레, 즉

석식품, 햇반…… 이런 것들을 먹겠죠.”

“그런 간단한 먹거리는 누가 만들어 파는데?”

“우리나라 즉석식품류의 75퍼센트는 오뚜기라는 회사가 장악하고 있습니다.”

“오뚜기 당첨.”

오뚜기 주식을 사들였고, 1년 동안 주가가 75퍼센트나 상승했다. 또한 1인 가구가 자주 찾는 편의점 업계의 선두주자 GS리테일의 주식도 사들였고, 13퍼센트 상승 중이다.

“1인 가구는 뭘 하며 지낼까?”

“혼자 사는 사람들의 가장 큰 장점은 시간과 경제적 자유를 마음껏 누릴 수 있다는 것 아닐까요? 여행도 마음껏 떠나고 주말에는 자전거를 타며 운동도 하고.”

“특히 자전거는 노인 인구 증가와 밀접한 연관이 있습니다. 자전거를 타는 노인층이 부쩍 늘고 있거든요.”

“자전거라면, 삼천리자전거죠.”

“삼천리자전거 당첨.”

이때 사들인 삼천리자전거의 주식은 100퍼센트가 넘는 수익을 안겨 주었다.

여기에 1인 가구는 대형마트나 백화점에서 쇼핑하는 것보다

아내가 장보는 것만 지켜봐도
투자할 종목은 넘쳐난다.

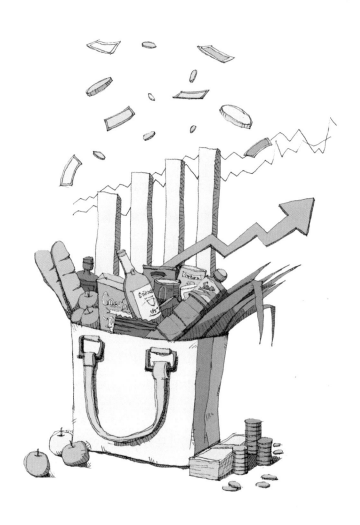

인터넷 쇼핑몰을 통해 수시로 필요한 물건을 산다는 사실을 파악하고 인터파크 주식을 매수했고, 35퍼센트 상승했다.

"홀로 사는 여성도 늘고 있는 추세입니다."

"혼자 사는 여성이라……. 그 사람들은 무엇이 제일 필요할까?"

"당연히 안전이겠죠. 더구나 요즘 같은 세상에는 안전이 필수입니다."

"좋아! 에스원 당첨."

보안업계의 선두주자 에스원은 15퍼센트 상승했다.

그가 괜히 주식으로 돈을 번 게 아니었다. 그의 말 한마디에 직원들은 1인 가구 수혜주로 뽑은 오뚜기, GS리테일, 삼천리자전거, 에스원 등의 주식을 2012년부터 사들였다. 그들이 산 주식은 그의 말처럼 계속 가격이 올랐고, 오늘의 성대한 행사를 치를 수 있었던 것이다.

그는 말한다.

"투자할 종목이 없는 게 아니라 못 보는 거야. 주변을 잘 살펴봐. 아내가 장보는 것만 지켜봐도 투자할 종목은 넘쳐날 테니까."

지중해 부자처럼 생각하기

반 토막의 기회를 잡아라!

우리나라 종합주가지수를 보면 본격적인 주식 활황기가 시작된 1986년부터 현재까지 5년 정도의 주기마다 반 토막이 나는 기현상이 나타났다. 마치 짜고 치듯이 생각지도 못한 사건을 터트려 주가를 폭락시켰다. 주식 투자에 아무리 문외한이라 해도 이런 때를 기회로 살린다면 안정적으로 높은 수익을 올릴 수 있다. 그럼 종합주가지수가 반 토막 났을 때 어떤 회사의 주식을 사야 할까?

과거에는 업계 1등이나 2등의 우량 회사 주식을 샀지만 최근 세계 경제를 보면 불확실성의 증대와 빠른 변화로 인해 어떠한 회사라도 위험에 처할 수 있는 시대가 되었다. 세계 1위를 수성했던 노키아와 소니의 몰락만 봐도 쉽게 이해할 수 있다.

이럴 때에는 단일 회사에 투자하는 것보다는 종합주가지수에 투자하는 것이 좋을 수 있다. 대표적인 방법으로 KOSPI 200을 추종하는 'KODEX 200'이나 'TIGER 200'이 있다. KODEX 200은 종합주가지수의 변화에 따라 가격이 오르고 내리는 ETF(상장지수펀드)이다. 펀드이긴 하지만 주식처럼 자유롭게 사고팔 수 있어서 증권사의 HTS를 통해 쉽게 거래할 수 있다.

가령, 코스피지수가 2,400까지 올랐다가 곤두박질쳐서 1,200까지 내려왔다면 이때 KODEX 200을 사서 기다렸다가 전 고점인 2,400까지 왔을 때 파는 것이다. 100퍼센트에 가까운 수익을 낼 수 있다. 보다 더 안전한 투자를 원한다면 반 토막이 날 때까지 기다릴 게 아니라 1,400에서 샀다가 2,000에서 판다. "무릎에서 사서 어깨에 팔라"라는 명언처럼 수익률은 낮겠지만 보다 확실한 성과를 얻는 투자가 될 수 있다. 주의할 점은 투자 기간이 장기간 길어질 수 있기 때문에 반드시 여윳돈으로 투자해야 한다는 것이다.

세상이 뒤집히면 그때가 바로 기회다

STORY 9

손해 본 돈은
미련을 갖는 게 아니다

"그깟 돈 때문에 행복을 잃고 건강까지 잃는다면
나중에 억울해서 어떻게 죽을 텐가?
어차피 떠난 돈이라면 빨리 잊고 더 큰 돈을 벌 생각을 해.
분명 좋은 기회가 올 테니까."

내게 주식 투자의 멘토를 꼽으라면 당연히 지중해 부자지만, 그
보다 먼저 주식을 알게 해주고 투자 세계에 눈을 뜨게 한 장본인은
바로 H지점장이다.

　H지점장은 엘리트였다. 서울의 한 사립 고등학교에서 줄곧 1등
만 해왔고, 일류 대학 경영학과에 입학해서 졸업할 때까지 장학금
을 놓친 적 없는 수재였다. 졸업도 하기 전에 대기업 계열의 증권사
에 채용되어 승승장구하며 여러 최연소 타이틀을 갈아치웠다. 최
연소 과장, 최연소 인센티브 1억 달성, 최연소 실적 1위, 최연소 고
객 예탁금 1위…….

　그러다 새로운 다른 증권사가 생기면서 어마어마한 연봉으로

스카우트를 제안받았다. 그 증권사는 강남에 지점을 새롭게 오픈하며 그에게 지점장을 맡겼다. 그가 증권사를 옮기자 그의 고객 대부분도 그를 따라 증권사를 옮겼다. 주로 연예인, 운동선수, 벤처기업인, 기업 임원, 고위공무원으로 고액 자산가들이었다.

새로 옮긴 증권사에서도 그의 소문은 금세 퍼져 나갔다. 투자 실력이 뛰어나 동료들조차 그의 종목을 따라 하기 바빴고 고객들의 예탁금도 갈수록 늘어났다. 한 사업가가 소문을 듣고 찾아와 1억 원이 든 증권 계좌를 그에게 맡겼는데 소문대로 실력이 좋으면 다음번에 수십억을 맡기겠다고 했다. H지점장은 고객들이 증권 계좌를 일임하면 주식을 사고팔면서 수익을 냈다. 그럴 때마다 수익 보고서를 보내거나 전화로 잔고를 알려 주었다.

사업가가 맡긴 1억은 불고 불어 7억까지 늘어났다. 이 사실을 전해들은 사업가는 자신이 타던 승용차 키를 건네주었다. 하지만 H지점장은 받을 수가 없었다. 사장의 차보다 더 좋은 차였기 때문에 지점장인 자신이 그런 차를 몰 수는 없었다.

계속 불어날 것 같았던 사업가의 주식 잔고는 주가가 하락하면서 4억까지 줄어들었다. H지점장은 보유한 주식을 모두 매매하고 잔고 4억이 든 통장을 사업가에게 돌려주었다. 사업가는 별말 없이 통장을 받았다.

몇 개월 후, 법원에서 소장이 날아왔다. 사업가가 4억이 아니라 7억을 받아야겠다며 3억을 더 달라고 소송을 건 것이다. H지점장은 말도 안 되는 소리라며 방방 뛰었다. 1억을 4억으로 불렸으면 됐지, 어떻게 최고점인 7억을 주어야 하느냐며 따졌다. 하지만 사업가의 변호사는 법정에서 보자는 말 외에는 아무 대꾸도 하지 않고 가 버렸다.

　사업가가 소송을 건 상대는 H지점장이 아닌 증권사였다. 증권사는 발칵 뒤집혔고 임원들은 긴급 회의를 소집했다. 당시 고객이 증권사를 상대로 소송하는 일이 거의 전무하던 시기였다. 경영지원팀을 맡고 있던 한 임원이 H지점장에게 다가왔다. 이번에 H지점장이 임원으로 승진할 예정이니 회사에 누를 끼치지 말고 스스로 해결하는 게 나을 거라고 말했다. 돈은 임원 승진 후에도 얼마든지 벌 수 있다고 했다. H지점장은 목동에 있는 아파트를 팔았다. 집이 두 채였기 때문에 한 채를 판다고 해서 크게 문제될 것은 없었다. 지금까지 그래 왔듯이 돈이야 또 벌면 되는 것이고, 그때 지금의 집보다 더 좋은 집을 사겠다고 다짐했다.

　사업가에게 3억 원과 변호사 비용까지 물어 주고 합의하자, 그 소문이 또 금방 퍼져 나갔다. 소문을 들은 다른 고객들이 줄줄이 소송을 걸었다. 모두들 충분한 수익이 났는데도 최고점일 때의 돈을 요구했다. 결국 H지점장은 증권사에서 쫓겨났다. 그의 통장과 모든 자산은 압류되고 남아 있던 집마저 경매로 넘어갔다.

그런 일이 있은 지 얼마 후, 이른 아침에 H지점장이 나를 찾아왔다. 그는 한동안 망설이다가 어렵게 말문을 열었다.

"돈이 한 푼도 없어서 밥을 굶고 있어."

그날 1,000만 원을 빌려 주었다. 며칠 후 또 찾아왔다.

"애가 태어난 지 1년도 안 됐는데 여관에서 살고 있어."

집을 구할 자금이 없다고 했다. 당시 모아 놓은 종자돈이 있었지만 더 이상 그에게 빌려 줄 순 없었다. 여기저기 알아본 결과 대출을 받아 전셋집을 마련하는 것이 가장 좋은 방법이었다. 월세도 생각해 보았지만 당장 소득이 없으니 쫓겨날 게 뻔했다. 전세 대출은 2년 후에 갚으면 돼서 크게 문제될 게 없다고 생각했다. 며칠 후 집 근처에 왔다며 그에게서 다시 연락이 왔다.

"내가 소송 중이고 직업이 없으니까 대출이 안 된대. 미안하지만 보증을 서 줄 수 있을까?"

왜 나에게 자꾸 그런 부탁을 하느냐며 따지려 했지만 오죽했으면 나한테까지 왔을까 싶어 더는 묻지 않았다. 전세 대출 보증을 서 주었다. 그래도 돈이 모자라서 4,000만 원을 더 빌려 주었다. 한 달 정도 지났을 때 기쁜 소식이 있다며 그가 만나자고 했다.

"이번에 D증권사에 입사하기로 했어. 예전에 다니던 증권사의 상사가 지금 D증권사 본부장으로 있는데 내 사정을 알고 특별 채용해 주기로 했어."

잘됐다며 축하해 주었다. 우리는 모처럼 기쁜 마음으로 소주잔을 기울였다.

"그런데 오늘 전화가 왔어. 내 소송이 아직 끝나지 않아서 인사팀에서 곤란하다고 했나 봐. 신원보증인을 세우라는데 부탁할 사람이 있어야지."

그가 잘나갈 때에는 주변에 귀찮을 정도로 사람이 많았는데 막상 추락하고 보니 아무도 없다고 했다. 지금은 취업을 할 때 보증보험으로 대신하지만 당시에는 사람을 보증인으로 세워야 했다. 특히 금융사는 철저하게 인보증을 요구했다. 나 역시 취업을 하면서 친한 삼촌에게 그런 부탁을 한 적이 있었다. 그에게 빌려 준 돈을 받아야 하고 대출 보증까지 섰으니 그것을 해결하기 위해서는 어쨌든 H지점장이 돈을 벌어야 했다. 입사 서류에 보증인으로 사인을 하고 인감증명서를 내주었다.

그 이후로 H지점장과 가끔 만나 식사를 하고 술도 마셨다. 그는 몇 년 동안 증권사 여러 곳을 옮겨 다니다가 결국 증권계를 떠났다. 그리고 다른 일을 하다 말다를 반복하며 지냈다. 그동안 빌려 준 돈은 당연히 받지 못했고, 오히려 더 빌려 주어야 하는 묘한 상황만 반복되었다.

H지점장에게 보증을 선 지 5년쯤 지났을 때 아내가 다급한 목소리로 전화를 했다. 법원에서 우편물이 왔는데 열어 보니 우리 집을 압류할 예정이라는 통지서라 했다. 무슨 소리냐며 사실을 확인해 보니 H지점장이 전세 대출을 받을 때 보증을 서 준 금액이 해결되지 않아서 보증인의 자산을 압류하겠다는 소리였다. 급히 H지점장에게 전화를 걸었지만 받지 않았다. 얼마 전까지만 해도 연락이 되었는데 도통 받지를 않았다. 나는 해당 은행을 찾아갔다.

"왜 이렇게 금액이 늘어난 겁니까?"

내가 묻자 직원이 대답했다.

"5년 동안 이자를 한 번도 안 냈습니다."

연체 이자가 계속 붙어서 금액이 그렇게 늘어난 것이었다.

"그럼 왜 그동안 연락을 하지 않은 겁니까?"

나도 모르게 언성을 높였다.

"업무 담당자가 계속 바뀌다 보니 미뤄졌습니다."

"연체가 시작됐을 때 미리 연락을 주었으면 이렇게까지 금액이 커지지는 않았을 겁니다."

내가 계속 따지자 직원은 다소 귀찮은 듯한 표정으로 이렇게 말하며 자리를 떠났다.

"이달 30일까지 갚지 않으면 압류 절차를 진행하게 됩니다."

어쩔 수 없이 집을 담보로 대출을 받았다. 그리고 자산의 일부를 처분해서 대출금 모두를 갚아 버렸다. 내가 보험사를 그만둔 직후에 소득이 적어 힘들어하던 시기에 닥친 일이었다.

1년이 채 지났을까, 법원에서 또 연락이 왔다. 이번에는 H지점장이 D증권사에 입사할 때 사인했던 인보증에서 문제가 터졌다. H지점장은 D증권사에서 여러 고객의 돈을 맡아 관리했는데, 어떤 사유인지는 몰라도 문제가 발생해 고객들이 D증권사를 상대로 소송을 걸었다. D증권사는 급히 해결을 해야 했고, 그것에 대한 구상권을 H지점장과 보증인인 나에게 청구했다. 그런데 H지점장과 연락이 안 닿아 보증인인 나에게 전액을 청구한 것이다.

청구 금액은 전세 대출 보증금과는 차원이 달랐다. 비슷한 사건이 계속해서 네 건이나 터져 버렸다. 전 재산을 처분해도 한참 모자랄 엄청나게 큰 금액이었다. H지점장 덕분에 말로만 듣던 '화병'이란 걸 앓았고 불면증도 달고 살았다. 심장이 떨려서 길을 걷다가 멈추고 하늘을 수시로 바라보아야 했다.

．．．

    H지점장 사건이 터지고 힘들게 지낼 때 인사동의 한정식 집에서 지중해 부자를 만났다. 이야기를 나누던 중 그가 H지점장의 근황을 물었다. 통 연락이 안 된다며 무슨 일이 있느냐고 했다. 나는 그간의 일을 말해 주었다. 조용히 끝까지 듣던 그가 입을 열었다.

    "빨리 잊어버려라."

    하지만 너무 억울하다고 했다.

    "어떻게 제게 이런 일이 생길 수 있을까요?"

    한두 푼도 아닌 그 돈을 갚을 생각에 몇 달째 잠을 못 자고 있다고 하소연했다.

    "누구나 한 번쯤은 겪는 일이지. 이른 나이에 겪었으니 다행이라 생각하고 빨리 잊어."

    빌려 준 돈을 못 받았다면 버리는 셈 치고 잊을 수 있을 것 같은데, 보증이란 건 앞으로도 갚아야 할 돈이 남은 것이니 그렇게 쉽게 잊을 수 있는 일이 아니라고 했다. 애들한테 천 원짜리 과자 사 주는 것도 아끼는 마당에 매달 수백만 원씩 갚아 나가려니 화가 치밀어서 살 수가 없었다.

    "사람이 살다 보면 그럴 수도 있는 거야. H지점장은 어려서부터

지중해 부자

1등만 했던 친구고 사회에 나와서도 눈에 띌 정도로 뛰어난 사람이었지. 그런 사람들의 단점이 뭔지 아는가?"

나는 뾰족한 말투로 인간성이 없는 것이라고 했다. 힘들 때마다 도와주었는데 어떻게 나에게 이럴 수 있느냐고 툴툴댔다.

"그렇게 1등만 했던 사람들은 넘어지면 일어날 줄을 몰라. 아무도 넘어졌을 때 일어서는 법을 가르쳐 주지 않았거든."

그의 어떤 말도 위로가 되지 않았다.

"H지점장이 나쁜 게 아니라 돈이 그렇게 만든 거야. 그 사람이라고 지금 마음 편히 지낼 것 같은가? 절대 그렇지 않아. 네가 눈물을 쏟고 있다면 그 사람은 피눈물을 흘리고 있을 거야."

아무리 그래도 연락을 하면 전화는 받아야 하지 않느냐고 했다. 최소한 미안하다는 말을 하는 게 사람의 도리니까.

"입장을 바꿔 봐. 너 같으면 그럴 수 있을지. 돈이란 게 그런 거야. 사람을 치사하게 만들기도 하고 바보로 만들기도 하지. H지점장도 그런 사람이 된 것이니 빨리 잊어버려."

아무리 잊으려 해도 화가 치밀어 잊히지 않는다고 했다.

"그렇게 돈 때문에 미련을 못 버리면 네 영혼이 힘들 거야. 그건 너뿐만 아니라 주변 사람들에게도 영향을 미치지. 모든 게 황폐해져. 그깟 돈 때문에 행복을 잃고 건강까지 잃는다면 나중에 억울해서 어떻게 죽을 텐가? 어차피 떠난 돈이라면 빨리 잊고 더 큰 돈을 벌 생각을 해봐. 분명 좋은 기회가 올 테니까."

그 많은 돈을 언제 다 갚느냐고 했다.

"예전에 만났을 때 내가 그런 말을 했을 거야. 남을 위해 돈을 쓰면 반드시 더 많은 돈이 들어온다. 돈은 돌고 돈다. 기억나지?"

고개를 끄덕였다.

"돈은 말이야. 내 손에 쥐어져 있더라도 내 돈이 아니면 언젠가는 나가게 되어 있어. 또 나간 돈이 내 돈이라면 언젠가 돌아오고 말이야. 지금 잃은 돈에 대해서 너무 슬퍼하거나 스트레스 받을 필요 없어. 그 돈이 네 돈이라면 반드시 돌아올 테니까."

그 말에 마음이 조금씩 안정되는 것 같았다.

"그래도 잊을 수 없다면 전생에 H지점장에게 진 빚을 갚았다고 생각해. 이왕이면 아주 싸게 갚았다고 말이야. 전생에서는 50억을 빚졌는데 5억으로 끝냈다고 생각하면 기분이 좋아질 수 있잖아. 모든 사람은 태어나면서 빚 하나씩 지고 살거든. 누군가에게 돈이 나갔다면 그 빚을 갚은 게지."

그는 젊은 시절의 이야기를 들려주었다.

"내가 주식으로 돈을 막 벌어들일 때 중학교 동창 녀석이 찾아왔어. 막역한 사이였지. 친구는 서울에 올라와 딱히 자리를 못 잡

돈에 미련을 갖지 마라.
나간 돈이 내 것이 맞다면 언젠가는 돌아온다.

고 있던 와중에 내가 돈을 잘 번다는 소문을 듣고 찾아온 거야."

그의 과거 이야기가 시작되자 나는 귀를 쫑긋거렸다.

"사무실에 와서는 주식을 배우고 싶다고 하더라고. 그래서 자리를 내주었지. 1년 정도를 무척이나 성실하게 다녔어. 사무실 청소며 온갖 잡일을 다 도맡아 했으니까. 먹여 살릴 식구는 있는데 돈벌이가 별로라서 내 운전기사를 시켰어. 내 개인적인 일도 그 친구가 처리해 줘서 나도 편하고 좋았지. 집 근처에 전셋집도 얻어 주고 가끔은 식구들을 불러 식사도 하며 잘 지냈어."

여기까지 듣고 나니 '그 친구에게 사기를 당했겠구나'라는 짐작이 들었다.

"당시 장외 주식을 거래하고 있었는데, 장외 주식이란 게 현금을 직접 주어야 하고 주식 증서도 받아 와야 해서 방식이 좀 복잡했거든. 거래할 때마다 내가 갈 수 없으니 친구를 보냈지. 은행에서 돈을 찾아 가방에 넣어 주면 친구는 저녁 때쯤 증권을 받아 왔어. 그렇게 친구가 장외 주식 거래를 맡아서 했지. 그러던 중에 내가 산 장외 주식을 비싼 가격에 사겠다는 사람이 나타난 거야. 그래서 증서를 팔았는데 다음날 가짜 증서라며 찾아왔더라고. 증권거래소에서 확인해 보니까 위조된 게 맞는 거야. 친구가 받아 온 장외 주식 증서가 모두 위조된 가짜 증서였지 뭐야. 금액으로만 30억이 넘었지. 친구를 너무 믿고 확인을 안 해본 내 잘못이 컸어. 친구는 이미 해외로 도망갔더라고. 미리 준비를 다 하고 있었나 봐."

나도 모르게 깊은 한숨이 흘러나왔다.

"그때 장외 주식을 내 돈으로만 산 게 아니었거든. 대부분 투자자에게 받은 돈이어서 내가 갚아야 할 돈이 돼 버렸지. 한 며칠을 힘들게 지내다가 산에 올라갔는데 그곳에서 한 스님을 만났어. 내 사연을 듣더니 '전생에 그 친구에게 큰 빚을 졌는데 이제야 갚았다'고 말씀하시는 거야. 그러면서 빚을 갚았으니 앞으로 더 잘될 거라고 하시더라고."

침이 꿀꺽 넘어갔다.

"산을 내려오면서 그 친구를 잊었어. 직원들은 경찰에 고소한다며 법석을 떨었는데 그냥 두라고 했지. 가끔 그 일을 생각하면 너처럼 울화가 치밀었지만 그때마다 마음속으로 빌었어. 친구가 앞으로 잘살게 해달라고 말이야. 그러면 마음이 편해지더라고."

그래서 돈을 더 많이 벌었느냐고 물어볼 필요도 없었다. 지금 저 정도로 부자가 됐으니 말이다. 역시 그릇이 다른 것 같았다.

"내 경험으로 볼 때 너도 앞으로 더 잘될 테니까 빨리 잊어버려. 돈은 미련을 갖는 게 아니야."

STORY 10

부동산 투자,
유혹하는 능력이 필요하다

"부동산은 내 눈에 좋은 곳이 아니라
누가 봐도 좋은 곳에 투자하는 게 맞아.
젊을 때 부지런히 돌아다녀.
그래야 나이 들어서 보는 눈이 생기니까."

지중해 부자의 한국 법인을 맡은 해의 어느 날이었다. 임원 두 명과 함께 통영으로 연수를 떠났다. 말이 연수지 놀러 간 거나 마찬가지였다. 그가 알려 준 주소는 내비게이션으로는 검색이 되지 않았다. 통영에 묵고 있던 그는 근처에 오면 연락을 달라고 했다. 통영대교를 건너 미륵산 자락으로 들어서는 입구에서 그에게 전화를 걸었다. 잠시 뒤 그의 비서가 검은 승합차를 타고 와서 우리를 안내해 주었다.

　하얀색 철제 대문이 자동으로 열렸다. 좌측으로 주차장이 보였고 정면으로는 집으로 향하는 오솔길이 펼쳐져 있었다. 그 길을 따라 올라가니 지중해 부자가 테라스에 앉아서 우리를 바라보고 있

부동산 투자, 유혹하는 능력이 필요하다

었다. 테라스에 올라가 인사를 했다.

"어서 와. 여기가 내 동생 별장이야."

테이블에 앉으며 바깥 경치를 바라보자 입이 딱 벌어졌다. 눈이 부실 정도로 푸른 바다가 펼쳐져 있었고, 양쪽으로 서 있는 운치 있는 소나무가 한 폭의 수묵화를 그리고 있었다.

'우리나라에 이런 곳도 있구나!'

다들 넋 놓고 바라보기만 했다.

"경치가 너무 좋습니다. 저도 이런 곳에 사는 게 소원입니다."

동행한 최 이사가 말했다.

"소원은 무슨! 돈 벌어서 살면 되지."

한 아주머니가 시원한 매실 주스를 가져왔다. 통통한 몸에 걸친 하얀색 앞치마가 인상적이었다.

"인사해. 여기서 일하시는 분이야. 10년이 넘도록 이곳에 살면서 관리를 하고 계시지. 남편 분은 정원을 관리하시고."

고개를 돌려 바라보니 집 옆에 조그마한 집이 있는 게 보였다. 이곳을 관리하는 분들이 사는 집인 듯했다. 문 옆 화단은 아기자기한 예쁜 꽃들로 가득 차 있었다. 계속해서 주변 경관에 넋이 빠져 있는데 그가 입을 열었다.

"저 앞에 보이는 섬이 한산도야. 말만 들어봤지 가 본 적은 없을 거야, 그치?"

다들 고개를 끄덕였다. 이순신 장군의 한산대첩이 생각났다.

"오래전에 저 섬에 놀러 갔다가 동생이 마음에 든다면서 이곳에 별장을 지었지."

"동생 분은 한국에 안 계신가 봅니다."

"미국에 있어. 그쪽 휴양지에서 임대 사업을 하는데 요즘 성수기라 그런지 무지 바쁘네. 나도 얼굴 보기 힘들어."

예전에 종로 커피숍에서 그를 만났을 때 그의 동생이 부동산으로 큰돈을 벌었다는 이야기를 들은 게 기억났다. 어떻게 부동산 투자를 했는지 물어보고 싶었다.

"동생 분이 부동산 투자로 크게 성공하셨다고 들었습니다. 저도 부동산에 관심이 많은데 어떻게 성공하셨는지 궁금합니다."

주식투자 회사를 맡은 사람으로서 '부동산에 관심이 많다'는 말을 하고 나니, 순간 미안한 기분이 들었다. 내가 무안해 하자 그는 호탕하게 웃음을 터트리며 이야기했다.

"주식이든 부동산이든 두루 관심을 갖는 게 나쁠 건 없지."

그는 매실 주스를 시원하게 들이켜더니 동생의 부동산 투자 이야기를 들려주었다. 조용히 있던 다른 임원들은 나보다 더 집중하며 귀를 기울였다.

부동산 투자, 유혹하는 능력이 필요하다

"내가 뉴욕에서 살다가 롱아일랜드 동쪽의 집을 샀을 때 동생을 불렀지. 젊을 때부터 나와 함께 아버지를 따라다니며 일을 배워 인테리어 일을 하고 있었지만 벌이가 별로였어. 그래서 함께 살자고 했지."

어떤 분인지 꼭 한 번 만나보고 싶다는 생각이 들었다.

"직업은 속일 수 없는지 우리 집을 매일 뜯어고치는 거야. 어쩔 땐 인부들을 잔뜩 불러 놓고 지붕까지 바꿨다니까. 그렇게 1년 정도 지나니 집이 완전히 달라지더라고. 좀 오래되고 구조가 불편한 집이었는데 완전히 새 집이 돼 버린 거야. 그런 재주가 있었는지 그때 처음 알았지."

집이 어떻게 변했을지 다들 궁금한 표정을 지었다.

"그렇게 고친 집을 1년 후에 팔았어. 우리 집에 놀러 온 백만장자가 두 번째 왔을 때 이 집을 사고 싶다면서 쪽지를 건네주었는데 내가 산 가격보다 무려 150만 달러를 더 썼더라고. 고민할 것도 없이 얼른 팔았지. 그 일을 계기로 동생은 본격적으로 부동산 사업에 뛰어들었어. 오래된 대저택을 싸게 사들여서 1년 정도 뜯어고치고 비싼 가격에 팔았거든. 그런 일은 웬만한 건축업자들도 할 수 있겠지만 내 동생은 뭔가 달랐어. 여자라서 그런지 집 안 곳곳마다 섬세하게 신경을 많이 썼거든. 주방 인테리어부터 침실 구조, 거기에 정원의 분수까지 넣을 놓게 만들었으니까."

다들 테라스 건너편에 보이는 분수대를 바라보았다. 여섯 개의 계단에서 물이 흘러내리는 모양이 주변 경관과 무척 잘 어울렸다. 내가 질문했다.

"그렇게 큰 집을 사서 수리하려면 자금이 많이 들었을 텐데요. 회장님께서 돈을 보태셨나 봅니다."

"그때는 특별히 투자하는 데가 없었거든. 처음 집을 팔면서 수익을 낸 것을 보고 전적으로 내가 투자했지. 수익금은 동생과 절반씩 나누었고. 나도 한때는 건설업을 해본 적이 있어서 내가 직접 해보려다가 그냥 투자하는 역할만 했지."

갑자기 건설업을 하다가 쫄딱 망해서 판자촌에 살았다는 그의 가슴 아픈 이야기가 떠올랐다.

"내가 지켜보니까 투자용 부동산은 남들이 사고 싶어 안달이 나게끔 만들어야겠더라고. 특히 돈이 많은 사람일수록 그런 집을 원하거든. 한국의 집들을 보면 욕심이 나지 않아. 다 비슷비슷하잖아. 아파트가 보급된 지 30년이 지났는데도 예나 지금이나 똑같이 닭장처럼 짓지. 고급 별장이라고 해서 가 봐야 골프장 인근이나 호숫가에 싼 자재로 지은 집이 대부분이고 말이야."

최 이사가 말했다.

"차라리 동생 분이 한국에서 고급 주택 사업을 하면 어떨까요? 사업성이 꽤 있을 것 같은데요."

"안 그래도 몇 번 시도해 봤어. 그런데 법적 제재와 동네 사람들의 민원이 많아서 포기했지. 집 한 채 짓는 데 무슨 놈의 들이대는 법이 그렇게 많은지……. 자기 집 옆에 고급 주택이 들어서는 게 그렇게 배 아픈가 봐. 소송과 민원을 밥 먹듯이 해댔거든. 그런 곳에 집을 지어 봤자 팔릴 리도 없지. 결국 한국에 투자하는 건 포기하고 유럽과 미국에 시장을 키웠어."

아쉽다는 생각이 들었다. 우리나라에서도 실력 있고 자금력이 풍부한 부동산 투자자들이 멋진 집을 많이 지어야 하는데 말이다. 그의 말처럼 우리나라에서는 매력 있는 집을 찾아보기 힘들다. 한옥을 제대로 살려 고급 별장처럼 짓는다면 좋을 것 같다는 생각이 들었다.

잠시 후 하얀 앞치마를 두른 아주머니가 커다란 은쟁반에 과일을 가득 담아서 왔다. 과도 두 개를 놓으며 껍질을 벗겨 먹고 싶으면 직접 벗겨 먹으라고 말했다. 그는 사과를 들더니 입을 크게 벌리고 껍질째 씹어 먹었다. 다들 과일을 먹으면서 그의 이야기를 계속 들었다.

"내 동생이 큰돈을 벌 때가 있었어. 플로리다에 여행을 갔는데 친구가 소개해 준 오래된 호텔에서 일주일간 묵었거든. 동생은 지배인과 친해지자 호텔 구석구석을 다니면서 잔소리를 하더라고. 여기저기를 고치면 좋겠다고 말이야."

마지막 날 호텔 사장이 만찬에 초대했어. 다 함께 모여 식사를 했지. 호텔의 역사와 동생의 잔소리까지 들으면서 재미있게 식사하고 있는데 뜬금없이 호텔의 지분을 인수할 생각이 있느냐고 묻는 거야. 원하는 만큼 지분을 팔겠다고 하더라고. 호텔을 내놓은지가 꽤 되었는데 아무도 사지 않으니 지분을 쪼개서라도 팔려고 했던 게지."

"호텔이 좋았나요?"

"건물은 오래돼서 볼품이 없었어. 가구와 인테리어도 구식이고 말이야. 그런데 경치는 예술이었지. 바닷가 절벽 위에 있었거든. 아쉬운 점은 바람이 세게 불어서 호텔에서 바라보는 경치만 좋았지, 절벽을 산책하거나 차를 마실 수는 없다는 거야."

"그래서 장사가 안 된 거군요. 저 같으면 단 1퍼센트 지분이라도 인수하지 않을 것 같은데요."

"맞아. 좋을 이유가 없었지. 땅이 꽤 넓은데도 딱히 써먹을 데가 없고 말이야. 그래서 나도 생각을 접었지."

유심히 듣던 최 이사가 물었다.

"그런데 어떻게 큰돈을 번 건가요?"

"다음날 떠나려고 하는데 동생이 호텔에 남아서 며칠을 더 묵겠다는 거야. 좀 더 자세히 살펴보겠다면서 말이야. 난 반대했어. 행여나 그 호텔에 투자하자며 조를까 봐 겁이 났지. 아니나 다를까, 며칠 뒤에 와서는 호텔을 인수하자고 하는 거야. 단순히 지분을 인수하는 정도가 아니라 그냥 사 버리자고 하더라고."

동생은 이분보다 배짱이 더 큰 사람인 것 같았다.

"내가 끝까지 반대했더니 그럼 돈을 빌려 달라고 하더라고. 자기가 호텔을 인수해서 제대로 한번 살려 보겠다는 거야. 단호하게 거절했지. 그런데 벌써 계약서를 쓰고 계약금까지 입금한 상태였어. 이미 일을 저질렀더라고. 은행에 대출까지 신청해 놓았지 뭐야. 그때까지 벌어들인 자기 전 재산을 다 털어서 투자했다니 나도 어쩔 수 없이 돈을 빌려 주었지. 잔금은 치러야 했으니까."

"그래서 호텔은 어떻게 바뀌었나요?"

다들 궁금한 표정으로 그를 바라보았다.

"호텔은 내부만 수리했어. 오래된 건물이긴 하지만 외부의 벽돌이 꽤 멋스러웠거든. 유럽 스타일이라 해변하고도 잘 어울렸어. 호텔 안의 모든 가구를 교체하고 창문을 최대한으로 넓혀서 바다를 감상할 수 있게 했지. 침대에 누우면 바다 위에 떠 있는 느낌이 들

지중해 부자

정도였으니까. 최고의 작품은 골프장이었어. 9홀짜리 미니 골프장이었는데 어떻게 거기에다 골프장을 만들 생각을 했는지 몰라."

"바람이 세게 분다고 하셨는데 그런 곳에서 골프를 하는 게 가능한가요?"

"나도 그렇게 생각했는데 코스가 기가 막혔어. 절벽 위에서 티 샷을 날리고 바람이 약한 곳으로 이동하는 코스였으니까."

요즘 골프에 한창 빠져 있던 홍 이사가 코스가 어땠는지 자세히 알려 달라고 했다.

"드라이버 샷은 말이야. 바람이 강한 해안 절벽 위에서 바다를 향해 치는 거야. 그러면 바닷바람으로 다시 돌아와서 그린에 떨어지지. 골프공이 유턴을 한다고 생각하면 쉽게 이해가 될 거야. 상상을 해봐! 멀리 망망대해를 향해 골프공을 날리면 어떨지를 말이야. 아주 기막힌 발상이었어. 다들 엄지손가락을 들어 보였다니까."

홍 이사가 입을 딱 벌렸다.

"코스마다 테라스 카페를 만들어서 맥주나 와인을 마실 수 있도록 했어. 야외 수영장과 스파 시설이 있어서 마지막 샷을 날린 후에 바로 물속으로 들어가는 것을 최종 코스로 만들었지."

홍 이사가 약간 흥분된 어조로 이야기했다.

"다음 달에 미국 출장 갈 때 당장 가야겠습니다."

"넌 안 돼. 철저히 멤버십으로만 운영되거든. 돈 많이 벌면 그때 말해."

다들 웃으면서 아쉬워하는 홍 이사를 위로했다.

"호텔은 돈 많은 골프 마니아들에게 소문이 나면서 장사가 아주 잘됐어. 결국 대형 리조트 회사가 인수하면서 동생은 부동산 부자로 거듭났지. 그때 벌어들인 금액은 나도 모를 정도니까."

"역시 부자가 된 사람들은 다 사연이 있네요. 세상을 바라보는 눈도 다르고 말입니다."

홍 이사가 포도를 씹으면서 말했다.

"지금 동생 분께 부동산 투자를 잘하는 비결을 알려 달라고 하면 뭐라고 하실까요?"

내 질문에 그가 바로 대답했다.

"지금도 승승장구하고 있어서 나도 물어본 적이 있어. 비결이 뭐냐고 말이야. 그랬더니 한마디로 '성형수술'을 잘해야 한다는 거야."

"성형수술이요?"

우리는 다 같이 물었다.

"그래, 성형수술. 성형수술은 사람만 하는 게 아니야. 땅이나 건물도 할 수 있지. 예쁘게 만들수록 가치가 달라지거든. 사람하고 똑같아."

어떤 식으로 성형을 했냐고 물었다.

"동생은 말이야. 울퉁불퉁하거나 모양이 좋지 않은 그런 땅을 싸게 사서 반듯하게 만들 줄 알았어. 또 오래되거나 구조가 안 좋은 건물도 놀라울 만큼 예쁘게 만드는 재주가 있었지. 예술가가 따로 없어."

"단순히 땅이나 집을 사서 시세가 오를 때까지 기다리는 게 아니라 예쁘게 고쳐서 파는 식이네요."

"그렇지. 미인을 보면 한 번 더 쳐다보듯이 부동산도 그렇게 만드는 거지. 누가 봐도 탐나는 그런 부동산으로 말이야. 집이란 게 집 안의 전구만 바꿔도 달라 보이거든. 마음먹기에 따라 얼마든지 성형을 할 수가 있어."

홍 이사가 말했다.

"저도 양평에 땅을 좀 갖고 있는데 골프장 바로 옆에 있어서 경치는 말할 것도 없이 좋습니다. 땅값이 오를 때까지 기다리려 했는데 별장이라도 지어서 팔아야겠습니다."

"골프장과 너무 가까워도 문제야. 한국의 골프장은 농약을 너무 많이 치거든. 바람이 불면 어디로 가겠어? 숨 쉴 때마다 농약 마시면서 사는 게지."

순간 홍 이사의 표정이 어두워졌다.

부동산은 예쁘게 만들어서
가치를 높여야 한다.

"한국에도 젊은 부자들이 늘어나면서 별장을 소유하려는 사람들이 많아질 거야. 부자들은 자산을 갖는 데 순서가 있거든. 내 집을 장만한 뒤에는 차에 욕심을 내고, 그다음으로 별장을 탐내지. 특히 도시에 사는 사람들은 경치 좋은 별장에 돈을 많이 쓸 거야. 이곳처럼 멋진 해안가나 사생활이 보장되는 조용한 숲 속에 매력적인 별장을 짓는다면 충분히 승산이 있을 거야."

모두 고개를 끄덕이자 우리를 바라보며 그가 질문했다.

"한국의 집들이 왜 그렇게 모양이나 구조가 죄다 비슷한지 생각해 본 적 있는가?"

"그야 건축 기술이나 집에 대한 철학이 비슷해서 그런 것 아닐까요?"

"내가 건설업을 해보면서 느낀 것이지만 그건 건축업자들이 싸게 대량으로 집을 짓다 보니 그런 거야. 다양한 모양으로 집을 지을수록 단가가 비싸고 시간이 많이 걸리거든. 집주인이나 건설업자 모두 싸게 빨리 짓기를 원하니까 외관은 신경 쓰지 않고 쉽게 지으려고만 하지. 내가 볼 때에는 앞으로 한국 건축에도 큰 변화가 올 거야. 도심의 아파트에서 답답하게 살던 사람들이 점점 인내심에 한계가 왔거든. 그들이 어떤 집을 원할지 고민해 봐. 부동산 투자는 거기에 답이 있을 테니까."

。 。 。

그는 정원을 둘러보자고 했다. 다들 테라스에서 내려와 바닷가 쪽으로 발걸음을 옮겼다. 그에게 물어보았다.

"요즘 부자들은 어떤 부동산에 투자를 하나요?"

"부자들은 돈이 많으니까 투자할 때 조급하지 않아. 아주 멀리 보고 투자를 하지. 가장 좋아하는 건 기술력이 좋은 회사의 지분을 갖고 투자하는 거고, 유전이나 요즘 떠오르는 셰일 가스 매장 지역도 좋아하지. 당장은 수익이 없더라도 자식이나 손자에게 물려줄 생각으로 투자하거든. 나도 한때 구리 광산에 투자한 적이 있었어. 아직 땅도 못 파고 있지만 말이야."

최 이사가 말했다.

"회장님께서 부동산에 투자하신다는 얘기는 처음 듣습니다."

"아주 가끔 투자하지. 여기저기서 정보가 많이 들어오거든."

그에게 기억에 남는 부동산 투자에 대해 들려 달라고 했다. 그가 쓴웃음을 짓더니 천천히 이야기했다.

"몇 년 전 중국에 투자한 적이 있었지. 품질 좋은 대리석이 묻힌 거대한 산에 세 명이 함께 투자했거든. 중국이 발전하면서 주택도 고급화가 시작된 거야. 고급 아파트 외벽이나 실내에 대리석을 깔기 시작했는데 그 수요가 엄청났지. 한국을 비롯한 동남아 국가에서도 대리석 수요가 늘고 있었고 말이야. 그래서 전문업체에 대리석을 채굴할 수 있는 산을 찾아 달라고 의뢰했는데, 중국 북경 인근에 아주 좋은 곳을 발견한 거야. 북경과 가까워서 채굴이나 운반을 하기에도 좋았지. 그래서 제법 큰돈을 투자했어."

그는 새장처럼 생긴 철제 케노피에 들어가 대나무 벤치에 앉았다. 맞은편 의자에 다들 앉았다.

"그때 큰돈을 버셨나 봅니다. 요즘 건축 자재를 보면 방문 손잡이까지 대리석으로 만든 게 유행이더라고요. 웬만한 부잣집 거실은 대리석으로 도배를 하니 꽤 성공하셨을 것 같은데요."

그가 미소를 지으며 대답했다.

"나도 그럴 줄 알았지. 한국에 수요가 많을 것 같아서 평택항에 별도의 하적장과 가공 공장까지 차렸을 정도니까."

그의 말투로 보아 잘 안 됐음이 짐작되었다.

"며칠은 대리석을 잘 캐냈지. 전문업체 말대로 재질이 아주 좋았어. 색상이나 무늬도 고르고 말이야. 다들 큰 건 했다며 좋아했지. 그런데 중국 정부에서 태클을 건 거야. 황사가 너무 심하니 산림에서 나무를 베는 행위 자체를 금지했거든. 대리석을 채굴하는 건 허가를 하는데 나무를 훼손하면 안 된다는 조건을 내걸었어. 말

부동산 투자, 유혹하는 능력이 필요하다

도 안 되는 억지였지. 어떻게 산속에 있는 돌을 파내는데 나무를 그냥 둘 수가 있겠어. 몇 번을 항의도 해보고 연줄을 통해 방법을 찾았지만 중앙정부의 명령이라 어찌할 도리가 없다고들 하더라고."

"어떻게 그럴 수가 있죠? 그럴 것 같으면 처음부터 허가를 내주지 말았어야죠."

내가 조금 흥분한 어투로 말했다.

"중국이란 나라가 그래. 중앙정부의 힘이 워낙 강하고 사유재산에 대한 소유권이 약하니 언제든 뺏길 수 있거든. 결국 손해만 가득 본 채 대리석 사업을 접었지. 한국의 평택항과 가공 공장에도 어마어마한 위약금을 물었고 말이야."

다들 말도 안 된다는 표정으로 그의 이야기를 들었다.

"부동산 투자란 게 주식보다도 위험할 때가 많아. 특히 중국이나 신흥국에 투자할 때에는 더욱 조심해야 해. 얼마 전에는 공기가 좋은 중국의 어느 청정 지역에 투자하자며 인도 투자자가 찾아왔지. 중국이 황사나 미세먼지로 몸살을 앓다 보니 부자들이 공기 좋은 곳을 찾기 시작했다면서 그곳에 별장 타운을 지어서 팔자고 하더라고. 단번에 거절했어. 사업성이야 좋겠지만 언제 어떤 정책으로 망할지 모르거든."

그는 최근에 미국의 구리 광산 예정지와 별장을 지을 수 있는 지중해 해안에 땅을 사들였다고 했다. 벤치에서 일어서며 그가 이야기했다.

"부동산은 말이야. 내 눈에 좋은 곳이 아니라 누가 봐도 좋은 곳에 투자해야 하는 게 맞아. 젊을 때 부지런히 돌아다녀. 그래야 나이 들어서 보는 눈이 생기니까."

STORY 11

준비하라!
40대에 절호의 기회가 온다

"30대에는 40대를 준비하는 게 최고야.
살아 보니까 30대는 성공하기엔 부족한 게 많고,
40대는 되어야 성공다운 성공을 하더라고."

통영 별장에서 하룻밤을 묵고 다음날 이른 아침 한산도로 향하는 요트를 탔다. 근처 리조트 선착장에는 작은 요트들이 제법 많았다. 그중 열 명은 족히 탈 수 있는 요트를 임대해서 올라탔다. 시동을 걸고 10분이 채 안 되어 한산도 선착장에 도착했다. 섬에 도착하자 그의 의상이 유난히 눈에 띄었다. 우리를 비롯한 이곳에 온 사람 대부분은 등산복에 모자를 눌러썼지만 그는 하얀색 반바지에 큼지막한 꽃무늬 셔츠를 입고 제법 날렵한 선글라스를 썼다. 그는 앞장서서 우리를 안내했다.

　"조금만 걸어가면 충무공의 혼을 느낄 수 있는 제승당이 있지."

　그와 대화를 하다 보면 외국에 산 지가 꽤 되었는데도 우리나라에 대해서 우리보다 아는 것이 더 많았다.

"어려서부터 이순신 장군을 제일 존경했어. 그래서인지 이곳에 오면 어릴 적 생각이 나."

그는 우리가 방금 지나온 바닷길이 한산대첩의 최접전지였다고 했다. 다들 발걸음을 멈추고 뒤를 돌아보았다.

"자네들 나이도 이제 마흔을 훌쩍 넘겼으니 좋은 기회가 올 거야. 내가 살아 보니까 30대는 성공하기엔 부족한 게 많고, 40대는 넘어야 성공다운 성공을 하더라고."

다들 귀를 쫑긋 세우고 그를 바라보았다.

"남들을 봐도 그렇고, 나도 마흔을 넘어서 큰돈을 벌었거든. 그 전에는 건설 일을 해도 망했고 식당을 해도 안됐고 말이야. 생각해 보면 그건 내 능력이 없어서가 아니라 나이가 부족했던 거야. 의욕이 넘쳐 발버둥쳐 봐도 사회에서는 어쨌거나 나를 어린 사람으로 취급했거든. 경험도 부족하니 남에게 잘 속고 이용만 당했던 게지."

나를 비롯한 임원 모두 40대라 그런지 그의 말이 부쩍 귀에 들어왔다.

"게다가 40대 전에는 결혼도 해야지, 애들도 키워야지, 사람답게 살기 위해 할 게 너무 많거든. 일하는 데 집중할 수가 없지."

내가 말했다.

"그래도 요즘은 30대에 성공한 사람이 얼마나 많은데요. 시대가 변해서 20대에 성공한 사람도 많답니다."

"그게 좋은 게 아니야. 나라고 왜 성공한 젊은 사람들을 못 만나봤겠는가. 다 그런 건 아니겠지만 대부분 위험을 겪다가 내려앉았거든."

그가 나를 바라보며 물어보았다.

"소년등과(少年登科)라고 아는가?"

난데없이 사자성어를 말하자 다들 놀라서 바라보았다. 가끔 영어를 쓰긴 하지만 사자성어를 입 밖에 꺼낸 건 처음이었다.

"어린 나이에 성공한다, 뭐 그런 뜻 아닙니까?"

홍 이사가 성의 없이 대답했다.

"그래. 옛날 사람들은 살면서 겪게 되는 불행 중에서 소년등과를 으뜸으로 꼽았지. 어린 나이에 성공하면 앞으로 내려올 일만 남았으니 불행으로 친 거야. 그 시대에 성공하는 어린 나이란 대략 열다섯 살 전후거든. 평균 수명이 마흔 정도였으니까 절반도 살기 전에 성공하는 걸 위험으로 본 게지. 지금으로 친다면 소년등과에 해당하는 나이가 몇 살쯤 될 것 같은가?"

"수명이 대략 2배로 늘었으니 서른 살 전후가 되겠네요."

최 이사가 대답하자 다들 고개를 끄덕였다.

"맞아. 지금으로 따지면 30대에 성공을 하는 걸 경계해야 한다는 뜻이야. 빨리 성공해서 부자가 되면 좋을 것 같지만 그때부터 수많은 유혹에 시달려야 하거든. 그 나이에는 그런 유혹을 이겨 낼 힘이 없지. 혈기가 넘쳐 뭐든지 시도하다가 결국 내려앉게 되거든."

"아무리 그래도 지금처럼 급변하는 세상에서는 빨리 성공해서 자리를 잡는 게 낫지 않을까요?"

내가 물었다.

"자리를 잡긴 뭘 잡아. 30대에 성공해서 빨리 놀고먹으면 좋겠다는 말이잖아. 그런 인생이 뭐가 그리 좋겠어."

내 얼굴이 붉어졌다.

"내가 한때 어려운 시절을 겪은 이유도 어린 나이에 성공을 맛보았기 때문이야. 서른 살이 되기도 전에 집을 지어 팔면서 꽤 큰돈을 벌었으니까 무서울 게 없었지. 돈이 돈 같지가 않았어. 흥청망청 쓰기도 잘 썼고 돈으로 엄청 허세를 부렸지. 쫄딱 망해서 생각해 보니 내가 세상 무서운지 모르고 너무 까불었던 거야. 그런 나를 세상이 가만둘 리가 없지."

예전에 들려준 그의 젊을 적 인생 이야기가 떠올랐다. 그는 잠시 말을 멈추고 나를 바라보았다.

"박 대표가 나를 처음 만나자고 한 때를 기억하는가?"

얼떨결에 고개를 끄덕였다.

"한 10년쯤 됐겠네. 서른이 갓 된 애송이였으니까."

두 명의 이사가 나를 바라보았다

"나에게 부자가 되는 비결을 알려 달라고 조르는데 얼마나 난감했는지 몰라. 솔직히 해줄 말이 없었거든. 그 나이에는 부자가 되기도 어렵고 되어서도 안 되는데 난감하더라고. 그래서 모른 척했지."

그때 기억이 났다. 2년 가까이 이메일을 보내도 제대로 된 답장 한 번 없었다.

"그래서 제게 체력이나 키우라고 하신 건가요?"

짓궂은 표정으로 물었다.

"아니야. 자네에게 무슨 말을 해줄지 고민을 많이 했지. 그 나이에는 40대를 준비하는 게 최고라고 생각한 거야. 내가 살아 보니 주로 40대 전후에 좋은 기회가 찾아오는데 그 기회를 잡을 수 있도록 준비를 시키고 싶었지."

최 이사와 홍 이사가 나를 부럽다는 표정으로 바라보았다. 홍 이사가 풀이 죽은 목소리로 말했다.

"저희는 내일 모레면 오십인데 기회를 다 놓친 셈이네요."

"50대가 된다고 해서 너무 실망할 것 없어. 우리 때에는 40대가 전성기였지만 지금은 수명이 길어져서 50대 이후로도 얼마든지 힘을 쓸 수 있잖아. 자고로 100세 시대이니 마흔부터 환갑까지도 전성기라고 봐야겠지."

그는 앉아 있던 바위에서 일어나 소나무가 울창한 숲길을 걸었다. 모두 뒤를 천천히 따라 걸었다.

"남녀가 배우자를 만나기에 가장 좋은 시기는 언제일까?"

최 이사가 머뭇대며 대답했다.

"그야 젊고 싱싱할 때 아닐까요?"

"연애로만 따진다면 그럴 수도 있겠지만 배우자 문제는 얘기가 다르지. 따져 봐야 할 게 많거든."

"그럼 이것저것 조건을 따져 봐서 가장 좋을 때 만나야겠네요."

홍 이사가 대답했다.

"그렇게들 많이 생각하지. 조건이라는 게 직장이나 돈, 건강, 나이, 소득, 이런 것들일 텐데, 그런 조건이 가장 좋을 때는 언제일 것 같은가?"

다들 곰곰이 생각해 보았다.

"그야 마흔은 훌쩍 넘어야겠는데요?"

내가 대답했다.

"그렇지. 사회적으로 인정받는 조건이 가장 빛나는 시기가 바로

40대 이후부터야. 결혼과 비즈니스는 똑같거든. 결혼은 배우자에게 나를 파는 것이고, 비즈니스는 사람들에게 나를 파는 게지. 나를 잘 팔려면 언제 팔아야 할까? 바로 내가 가장 좋을 때 팔아야 하는 거야."

"그럼 결혼을 잘하려면 마흔은 훌쩍 넘어서 해야겠습니다"라고 눈치 없이 대답한 최 이사가 얼른 말을 돌려 다른 질문을 했다.

"비즈니스에서 나를 잘 팔려면 어떤 조건을 갖춰야 할까요?"

그는 사뭇 진지한 표정을 지으며 대답했다.

"사람들이 원하는 조건이 되겠지. 우선 신뢰할 수 있어야 하고 능력을 갖춰야겠지. 여기에 큰일을 감내할 체력과 인맥 그리고 자본력까지 있다면 무슨 일을 하든 성공하지 않겠어?"

그가 최 이사와 홍 이사를 번갈아 보면서 이야기를 계속했다.

"지금까지 자신이 살아온 삶을 생각해 봐. 성공을 바라고 부자가 되길 원하면서 과연 자신은 어떤 조건을 갖추었는지 말이야. 자신을 판다고 하면 몇 명이 사 줄까? 가격표를 단다면 자신이 받는 연봉 정도가 될 텐데 부자가 되기에는 턱없이 모자라지."

다들 한숨을 내쉬었다.

"지금 나이에 기회를 못 잡으면 평생 그렇게 살 수도 있어. 내 동생 별장을 보면서 저런 집에서 사는 게 소원이라고 그랬지? 소원만 빌지 말고 사려고 노력해야지."

그가 나를 바라보았다.

"내가 박 대표를 인정하는 건 한 가지야. 한다면 하는 사람이거든. 다른 사람들처럼 생각으로 그치는 게 아니라 바로 행동으로 옮기잖아. 내가 이 친구를 언제까지 곁에 둘지는 모르지만 계속 함께하고 싶은 욕심이 들어."

내 얼굴이 순간 붉게 달아올랐다.

"박 대표보다 최 이사와 홍 이사를 알고 지낸 지가 훨씬 더 오래됐지? 내가 세 사람에게 똑같은 말을 해줬는데 나이를 먹으면서점점 차이가 나기 시작하잖아. 실천한 사람은 계속 앞서 가고, 고개만 끄덕인 사람은 부러워하기만 하는 게지."

최 이사와 홍 이사의 얼굴이 나보다 더 빨개졌다.

"성공의 기회는 자기가 만드는 거야. 가만히 있으면서 기회가오기만을 기다리는 건 도둑놈 심보지. 부자가 되는 건 어려울 것없어. 준비하고 있다가 기회가 왔을 때 붙잡으면 돼. 평소 준비를안 해두었으니 기회가 와도 모르는 거야. 어떤 준비를 해야 할지도모르고 말이야."

그는 한동안 말없이 계속 걸었다. 잠시 후 커다란 정자가 눈앞에 나타났다. 그는 짧게 묵념을 하고 정자에 올랐다. 모두 그를 따

40대를 준비하라!
그때부터 사회적으로 인정받는
조건들이 빛나기 시작한다.

라 정자에 올라갔다.

"이곳이 수루라는 곳이야. 한산섬 달 밝은 밤에 수루에 홀로 앉아……. 이런 충무공의 시를 들어보았을 거야. 이곳이 그 수루지."

모두 정자에 걸터앉았다. 그가 다시 입을 열었다.

"내년 대표자 회의 때 변화가 있을 거야. 싱가포르와 일본 그리고 한국 법인까지 모두 대표직 계약 기간이 끝나거든. 새로운 사람을 선임해야겠지. 아, 그리고 아시아 법인을 총괄하는 대표도 뽑을 생각이야. 지금 규모도 키울 생각이니 여기 있는 사람들에게 각각 기회가 될지도 모르지."

그의 말 한마디에 모두 깊은 침묵에 빠졌다. 우리가 아는 그는 정확한 사람이고 사람을 구별하는 건 더 정확한 사람이다. 우리 세 명을 통영으로 초대한 것도 이 이야기를 미리 해주기 위해서 불렀다는 것을 충분히 짐작할 수 있었다.

● ● ●

통영에서 돌아와 책상에 앉아 10년 전 다이어리를 꺼냈다. 몇 장 쓰지도 않은 깨끗한 상태였지만 한 장씩 넘기다 보면 굵은 볼펜으로 휘갈겨 쓴 글이 눈에 들어온다.

지중해 부자

넌 체력이 없어 보인다. 체력부터 키워라.

쓸데없는 데 신경 쓰지 말고 한 곳에 집중해라.

세상은 네모다.

바닥에서 허우적거리지 말고 상위층으로 올라가라.

궁상떨 생각 말고 한 푼이라도 더 벌 생각을 해라.

다이어리를 넘기며 읽다 보면 오히려 지금 더 와 닿는 글귀가 많다. 그때는 그저 돈 많은 노인네의 잔소리 정도로 생각했는데 돈을 다루는 진리가 새록새록 담겨 있다.

어찌 보면 참 어설프면서 친근한 허당 아저씨 같고, 또 어찌 보면 독사처럼 냉정하게 구는 그가 진짜 부자의 매력을 가졌다고 생각한다.

지중해 부자의 어록 18
: 큰 부자가 되고 싶은 사람들에게

"살다 보면 한두 번씩 돈이 벌릴 때가 있어.
좋다고 다 써 버리면 다음 기회는 없는 거고,
잘 잡아 두면 기회는 계속 생겨나지.
그래서 돈이 벌릴 때 조신하게 살아야 해."

다음은 지중해 부자가 여러분에게 전해 달라고 한 이야기다.

제가 살아 보니 그럽디다. 부자는 태어나면서 결정되는 것이 아
니고 어떻게 사느냐에 따라 얼마든지 될 수 있는 훌륭한 부모와도
같은 그런 존재입디다. 사람들이 저를 만나면 어떻게 부자가 되었
느냐는 질문을 가장 많이 합니다. 그럴 때마다 어찌어찌하다 보니
이렇게 되었다고 대답합니다. 정말 그 말밖에는 할 말이 없어서 그
렇게 대답합니다.

사람들은 부자가 되는 데 특별한 방법이 있을 거라 생각하는데
그렇지 않습니다. 행복하게 살려면 어떻게 해야 할까요? 오늘을 행

복하게 살면 내일도 행복할 일이 많아지듯이 오늘 부자처럼 생각하고 행동하면 결국 부자가 될 수 있습니다. 부자는 계산기를 두드려서는 절대 될 수 없습니다. 상위 1퍼센트의 부자가 되려면 200년은 족히 돈을 벌어야 하는데 그렇게 해서 부자가 된 사람은 아무도 없습니다. 부자는 생각하면 바로 행동하는 사람들입니다. 여러분이 부자가 되는 데 이 이야기가 조금이나마 도움이 되었으면 합니다.

가족이 우선입니다

어떤 것보다 가족이 먼저입니다. 어려운 일이나 힘든 결정을 할 때 무엇이 가족을 위하는 것인지를 생각해 보시기 바랍니다. 가족끼리 신뢰는 꼭 지켜야 합니다. 부부 간의 신뢰, 부모 자식 간의 신뢰……. 신뢰가 깨지면 세상과의 신뢰도 깨집니다. 가족과의 신뢰를 위해 언행을 조심하고 각자의 위치에서 좋은 사람이 되도록 노력하십시오.

자녀에게 너무 많은 사랑은 금물입니다

자식은 부족하게 키워야 합니다. 돈이 많아도 없는 척해야 합니다. 돈은 어린 자녀에게는 가장 위험한 독이 됩니다. 돈은 우리에게 편의를 제공하지만 위험에 빠지게 하는 가장 쉬운 수단입니다. 자녀에게 많은 자산을 물려주지 마십시오. 스스로 일어서도록 자립심을 키워 주어야 합니다. 자립심의 반대는 돈입니다. 돈이 있으면 자립심은 무너집니다. 자녀 관리는 곧 돈 관리를 의미합니다.

수입의 1퍼센트를 기부하십시오

어려운 사람에게 수입의 1퍼센트를 기부하십시오. 10퍼센트는 너무 많습니다. 금액이 크면 한두 번 내고 말게 됩니다. 1퍼센트가 적당합니다. 100만 원을 벌었으면 그중 만 원은 남을 위해 아껴 두었다가 그들이 필요로 할 때 아낌없이 주십시오. 세상의 돈은 일정하게 유지됩니다. 내가 1억을 벌었다면 누군가는 그만큼을 잃은 것입니다. 그들을 위해 지갑을 열어야 공평한 세상이 됩니다.

마음을 넓게 가지십시오

돈 몇 푼에 흔들릴 필요 없습니다. 지금 없더라도 언젠가는 있을 때가 올 것입니다. 누군가에게 상처를 주었거나 돈을 빌렸다면 진심으로 사과하고 돈을 갚으십시오. 마음이 넓어야 쓸어 담을 게 많아집니다. 보이는 세상이 전부라고 단정하지 말기 바랍니다.

돈에 질투하지 마십시오

옆집 사람이 땅을 샀다고 배 아파할 이유가 없습니다. 세상에 돈이 얼마나 있을까요? 그 많은 돈 중 그 사람이 차지한 건 개미 손톱의 때만큼도 안 됩니다. 겨우 그 정도의 돈에 질투하지 마십시오. 질투는 당신의 영혼만 피곤하게 합니다.

뭐라도 하십시오

부자를 바라면서 가만히 있지 마십시오. 뭐라도 해야 손에 잡히는 법입니다. 가만히 앉아 있는 사람이 얻을 수 있는 건 치질과 비만밖에 없습니다. 세상은 뿌린 만큼 거두는 법입니다. 언제 거둘지는 미지수이지만 그래도 뿌려 놔야만 언젠가는 얻는 법입니다. 무거운 엉덩이를 벌떡 일으키고 밖으로 나가십시오. 세상이 어떻게 돌아가는지 관찰하고 돈이 어디로 흘러가는지 살피기 바랍니다. 부자는 그렇게 되는 것입니다.

사람이 답입니다

사람에게 잘해야 합니다. 나 외에는 모두 남입니다. 남이란 '감사한 사람'의 다른 표현입니다. 그들을 만날 때마다 감사한 마음을 갖고 감사하다는 말을 해야 합니다. 부자는 남들이 만들어 줍니다.

남들에게 인정과 사랑을 베풀기 바랍니다.

남에게 기대지 마십시오

남이 언젠가 나에게 기회를 줄 거라 기대하지 마십시오. 그들도 먹고살기 바빠서 나에게까지 올 것은 없습니다. 나중에 한몫 챙겨 준다는 건 나를 제대로 이용하겠다는 말입니다. 그런 사람들은 버리십시오. 평생을 이용만 당하다가 사기까지 당하게 됩니다.

세상에 헛수고는 없습니다

세상에 공짜는 없듯이 헛수고도 없습니다. 지금까지 노력한 결과가 없다고 절망할 필요가 없습니다. 때가 되면 그 수고에 대한 대가가 반드시 나타납니다. 뭐든지 열심히 하십시오. 남들이 알아주든 말든 열심히 헛발질을 하십시오. 그런 것들을 모아 둬야 한 번에 큰 힘을 쓸 수 있습니다.

여행을 떠나십시오

여행은 권태를 이겨 낼 최고의 방법입니다. 삶이 무료하거나 지쳤다면 무조건 떠나십시오. 여행은 떠나는 연습을 통해 만들어집니다. 돈이 없거나 시간이 없어서 못 떠나면 영영 못 가게 됩니다. 다

털어 버리고 가볍게 떠나십시오. 여행지에서 신선한 기운을 받고 오십시오. 새로움은 에너지를 만듭니다. 지금 하는 일이 잘 안 되고 있다면 여행이 필요한 것입니다.

예술에 관심을 가지십시오

악기, 그림, 골동품, 음악……. 부자들은 이런 것들을 좋아합니다. 예술은 영혼을 맑게 해줍니다. 영혼이 맑아야 번뜩이는 아이디어를 떠올릴 수 있습니다. 기가 막힌 생각은 내가 하는 것이 아니라 세상이 보내 주는 메시지입니다. 그 메시지를 받으려면 예술로 영혼을 다스려야 합니다.

몸을 아끼십시오

무리하지 마십시오. 몸이 지치면 아무것도 할 수 없습니다. 몸이 병드는 건 부자가 되는 데 최대의 적입니다. 내 몸은 내가 잘 알기 때문에 내가 챙겨야 합니다. 힘들면 쉬고 아프면 병원에 가십시오. 몸을 아껴 둬야 큰 힘을 써야 할 때 제대로 쓸 수 있습니다. 부자가 되는 기회는 한 번에 올 때가 있습니다.

주변 사람을 둘러보십시오

그 사람이 부자가 될지는 만나는 사람을 보면 알 수 있습니다. 지금 삶을 바꾸고 싶다면 주변 사람부터 바꾸십시오. 사람은 무리 동물입니다. 그 무리에 들면 그들처럼 살아야 합니다. 내가 원하는 삶을 사는 사람들을 만나십시오. 그래야 그들처럼 살 수 있습니다.

자기만의 시간을 가지십시오

지금 내가 가는 길을 잘 가고 있는지, 방향이 어긋나지는 않았는지, 내가 지치지는 않았는지 느끼기 위해서는 자기만의 시간이 필요합니다. 일주일에 서너 시간은 나를 위해서 비워 두십시오. 조용히 산책을 해도 좋고, 눈을 감고 누워도 좋습니다. 내가 어떤 생각으로 살고 있는지 자신과의 대화를 통해 생각을 깨우치기 바랍니다. 사람은 생각하는 대로 살게 됩니다.

눈치 보는 사람은 되지 마십시오

할 말이 있으면 하고, 하기 싫으면 싫다고 하십시오. 그렇게 한들 해가 될 건 없습니다. 눈치 보는 사람은 둘 중 하나입니다. 윗사람에게 아부를 떨거나 윗사람을 무서워하거나. 그 사람보다 대단한 사람은 세상에 수도 없이 많습니다. 앞으로 그런 사람들과 어울려야 하는데 벌써부터 눈치를 본다면 당신의 눈만 아깝습니다.

작은 일에 흥분하지 마십시오

돈 몇 푼 더 벌었다고 흥분하거나 잘난 척하지 마십시오. 흥분을 가라앉히고 다음 단계를 차분히 준비해야 합니다. 작은 부자로 끝나는 사람은 그 정도에 만족하면서 스스로 한계를 짓습니다. 큰 부자들은 작은 성공을 쌓아 올려 결국 큰 성공을 거둔 사람들입니다. 그들은 어떤 성공에도 흥분하거나 과시하지 않습니다. 그럴수록 적만 늘어난다는 걸 알기 때문입니다.

자랑하지 마십시오

돈, 명예, 승진, 건강, 자식, 성적……. 뭐가 되었든 자랑하지 마십시오. 내 자랑을 듣는 순간 사람들은 적으로 변합니다. 적이 많아지면 잃는 게 많습니다. 사람은 타고나기를 남 잘되는 꼴을 못 봅니다. 자랑을 하고 싶거든 가족끼리 조용히 하든가, 귀염둥이 뭉치(지중해 부자의 애완견)에게 하기 바랍니다.

지킬 것은 정확하게 지키십시오

돈, 시간, 약속, 계약……. 정확하게 지키십시오. 주기로 했으면 주고, 하기로 했으면 해야 합니다. 성공의 끝은 작은 부분에서 완성됩니다. 정확하지 않으면 성공은 없습니다. 지킬 수 없는 일은 애초에 시작하지 말아야 합니다. 사람의 신뢰는 작은 것까지 지키는 섬세함에서 차이가 납니다. 정확한 사람이 되십시오.

제가 지중해 부자라면 여러분은 대서양의 섬을 누비는 아일랜드 부자가 되리라 생각합니다. 벌써부터 이곳의 부자들은 섬들을 사들이며 자신만의 왕국을 만들고 있습니다. 이 글을 읽는 당신에게도 분명 그럴 날이 올 거라 믿습니다.

• • •

"회장님은 언제 그렇게 많은 돈을 버셨어요?"

"내가 돈 번 적은 없어. 남들이 벌어다 주었지. 사람은 말이야. 살다 보면 한두 번씩 돈이 벌릴 때가 있거든. 그때 어떤 선택을 하느냐에 따라 인생이 달라지는 거야. 좋다고 다 써 버리면 다음 기회는 없는 거고, 잘 잡아 두면 기회는 계속 생겨나지. 그래서 돈이 벌릴 때 조신하게 살아야 하는 거야."

지중해 부자의 어록 18 : 큰 부자가 되고 싶은 사람들에게

1. 가족이 우선이다.

2. 자식에게 너무 많은 사랑은 금물이다.

3. 수입의 1퍼센트를 기부하자.

4. 마음을 넓게 가지자.

5. 돈에 질투하지 말자.

6. 뭐라도 하자.

7. 사람이 답이다.

8. 남에게 기대지 말자.

9. 세상에 헛수고는 없다.

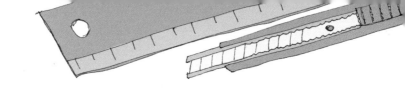

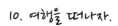

10. 여행을 떠나자.

11. 예술에 관심을 갖자.

12. 몸을 아끼자.

13. 주변 사람을 둘러보자.

14. 나만의 시간을 갖자.

15. 눈치 보는 사람은 되지 말자.

16. 작은 일에 흥분하지 말자.

17. 자랑하지 말자.

18. 지킬 것은 정확히 지키자.

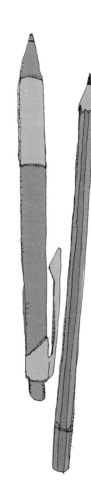

나는 오늘도 꿈꾼다

스페인 말라가에서 알헤시라스까지 이어지는 해안가에는 '태양의 해안'이라는 뜻의 코스타 델 솔이라는 유명한 지중해 해변이 있다. 가끔 사우디아라비아의 국왕 일행이 이곳에서 여름휴가를 보내면시 수백억을 써대는 바람에 시끄럽기도 한 곳이다. 다양한 볼거리와 멋있는 풍경, 거기에 근엄하고 교양 있는 사람들을 위해 지어진 근사한 저택까지 마치 완성된 한 장의 그림처럼 완벽한 조화를 이루고 있다.

싱그러운 지중해의 태양과 그 아래에 펼쳐진 하얀 모래 위로 아름다운 연인들이 누워서 몸을 그을리고 있었다. 그 광경을 바라보기에 가장 좋은 나지막한 언덕 위 야외 레스토랑에서 그와 마주앉아 두 달 가까이 아침 식사를 함께 하고 있었다.

"오늘 오믈렛은 맛이 없네요."

"맛이 없는 게 아니라 어제 술을 많이 마셔서 그래. 뭔 놈의 술을 그렇게 마셔대?"

"저만 마셨나요? 왜 술 마시다 말고 춤은 추고 그러세요? 창피해서 더 마셨잖아요."

그는 작은 한숨을 내쉬며 포크와 나이프를 비벼댔다.

"근데 그 와인 참 맛있더라. 짠돌이 충청이 웬일로 그 비싼 와인을 땄는지 몰라. 지하 와인 창고를 개방하는 건 처음 봤다니까."

"얼마 전에 뒷집에 사는 스티브하고 다툼이 있었잖아요. 충청네 집을 증축 공사했는데 너무 높이 올려서 스티브 집 전망을 가렸거든요. 성격이 불같은 스티브가 가만히 있을 리 없었죠. 경찰이 몇 번이나 왔으니까요."

"내가 봐도 너무했더라. 저만 좋자고 집을 그렇게 높이 올리면 어떡해. 전망은 제일 좋은 집에 살면서 말이야."

나는 입맛도 없고 갈증만 났다. 흑맥주 한 잔을 시키자 그가 눈을 동그랗게 치켜떴다. 한 잔을 더 시켰고, 잠시 후 웨이터가 올리브 피클 한 접시와 함께 맥주를 내왔다.

"얼마 전에 스티브를 만났는데 이사 가고 싶다고 하더라고요.

충칭과 친하게 지내더니만 싸운 뒤로는 꼴도 보기 싫다고 하던
데요?"

"그래? 이사를 간대? 어디로?"

그가 맥주를 마시다 말고 급히 말했다.

"이 동네에 갈 데가 있나요. 집 팔겠다고 내놓은 사람도 없고."

"마르베야(스페인의 작은 도시)에 있는 그 집을 팔까?"

"제일 아끼시는 집이잖아요."

"아끼면 뭐해. 언제까지 빈집으로 둘 수도 없잖아. 집 앞에 정박
해 둔 요트도 가라앉기 일보 직전이야."

그가 곰곰이 생각하더니 말했다.

"네가 한번 스티브한테 말 좀 해봐. 내가 마르베야 집을 팔까 말
까 하는 소식을 들은 적이 있다고 말이야. 저번에 그 집에 왔을 때
꽤나 좋아했거든. 아마 잘하면 요트랑 올리브나무 농장까지 덤으
로 줄지도 모른다는 뉘앙스도 살며시 풍겨 봐."

"요트는 저한테 주기로 하셨잖아요!"

"그거 수리비만 요트 한 대 값이야. 이번에 스티브한테 집 팔면
한 대 사 줄 테니까 잘 꼬셔 봐."

스티브를 어떻게 설득할지 고민했다.

"오늘 스티브하고 저녁 식사를 같이 할까요?"

지중해 부자

"그래. 오랜만에 스티브랑 저녁이나 먹어야겠다. 그러고 보니 지난번 피렌체 별장에 다녀온 이후로 한 번도 만난 적이 없네."

"거기서 모나리자 그림을 선물로 받으셨겠네요?"

"너도 받았어?"

고개를 끄덕였다.

"그 인간도 참 웃기는 데가 있어. 자기 별장 근처가 레오나르도 다 빈치 고향이라면서 오는 사람들한테 모두 자랑질을 하며 모나리자 그림을 선물로 주잖아. 자기 말로는 미술을 공부하는 딸이 그렸다는데 B급 복제 화가가 그린 게 틀림없어. 나는 거실에 걸었다가 바로 떼어 버렸어."

"왜요? 전 좋던데요."

"나도 모나리자를 좋아했는데 가만히 보니까 꼭 내 마누라를 보는 것 같은 거야. 나한테 뭔가 할 말이 있는 것 같으면서도 어쩔 땐 비웃는 것 같기도 하고 말이야."

생각해 보니 그런 것 같았다. 나도 침실에 걸어 둔 액자를 떼야겠다고 생각했다.

"그나저나 이 여자는 왜 안 오는 거야?"

그의 아내는 산티아고 순례 여행을 떠났다. 한 달 만에 온다고 해놓고 두 달이 다 되어 가도록 안 오고 있었다.

"전화해 보세요."

"안 돼, 혼나. 어젯밤에 술 먹고 전화했다가 한참 혼났어. 갈수록 무서워 죽겠어."

서로 한숨을 내쉬며 해변을 바라보았다. 젊은 두 여인이 검게 그을린 뒷모습을 보이며 바닷가로 걸어가고 있었다.

"너도 애들 엄마가 언제 올지 모르는 거야?"

대답 없이 고개를 끄덕였다. 아이들과 한국의 처가에 갔는데 역시나 두 달이 되도록 안 오고 있었다. 테이블 위에 놓인 음식은 대부분이 남은 채로 있었다.

"저희 집에 가서 라면이나 끓여 드실래요?"

갑자기 그의 얼굴에 화색이 돌았다.

"아직 남은 게 있어?"

"신라면이 두 개 정도 있을 거예요. 아마 참치 캔도 있을 걸요?"

"그래?"

그가 벌떡 일어나더니 성급히 레스토랑 문을 박차고 나가 버렸다. 그와 내가 사는 집으로 가는 도로는 교통사고 다발 지역으로 손꼽힌다. 이곳에 놀러 온 사람들이 주변 경치에 취해서 운전을 제대로 할 수 없기 때문이다. 나도 그를 따라 몸을 일으켰다.

지중해 부자

나는 오늘도 꿈꾼다. 코발트빛 지중해에 근사한 저택을 짓고 그와 수다를 떨며 일상을 함께 지내는 꿈을 오늘도 꾼다. 지금까지 그래 왔듯 그가 알려 준 대로 살아간다면 나에게도 그런 꿈이 이루어지는 행운이 오지 않을까?

지중해 부자

1판　1쇄 발행　2014년 8월 20일
1판 10쇄 발행　2024년 8월 14일

지은이 박종기

발행인 양원석
편집장 차선화
영업마케팅 윤우성, 박소정, 이현주
펴낸 곳 ㈜알에이치코리아
주소 서울시 금천구 가산디지털2로 53, 20층 (가산동, 한라시그마밸리)
편집문의 02-6443-8861　　**도서문의** 02-6443-8800
홈페이지 http://rhk.co.kr
등록 2004년 1월 15일 제2-3726호

ISBN 978-89-255-5343-6 (03320)